INFO3 VERLAG

Michael Bockemühl

KUNST SEHEN

BAND 2

CLAUDE MONET

Andrea Kreisel, Geraint Black
und David Hornemann v. Laer (Hg.)

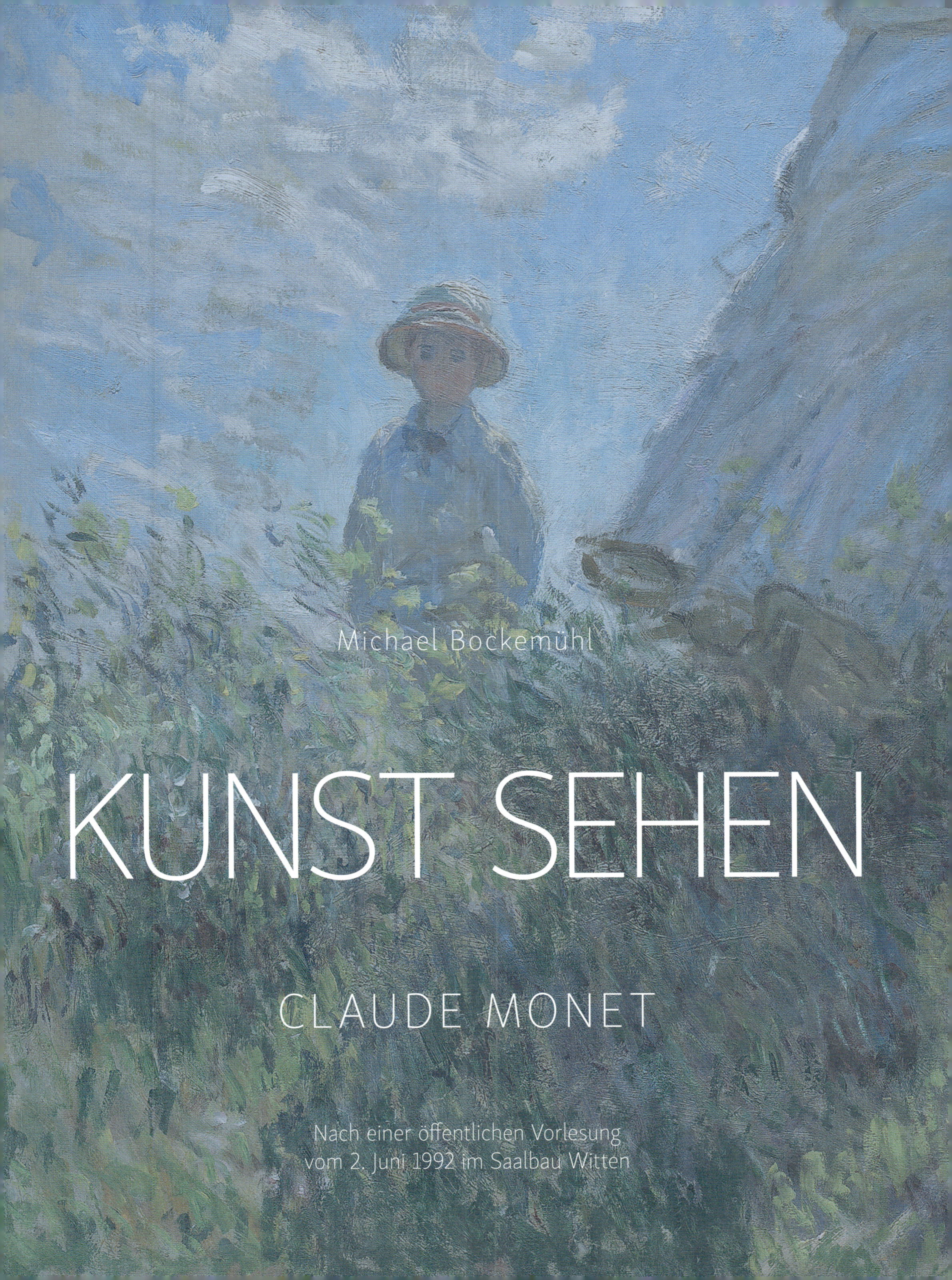

Michael Bockemühl

KUNST SEHEN

CLAUDE MONET

Nach einer öffentlichen Vorlesung
vom 2. Juni 1992 im Saalbau Witten

INHALT

„Ich habe weiter nichts getan als das anzusehen,
was die Welt mir gezeigt hat,
um mit meinem Pinsel davon Zeugnis abzulegen. (...)
Lassen Sie Hand in Hand uns gegenseitig helfen,
immer besser sehen zu lernen.“[1]

Claude Monet im Gespräch mit George Clemenceau

1 Georges Clemenceau, Claude Monet. Betrachtungen und Erinnerungen eines Freundes, Freiburg i. B. o. J., S. 145f.

1 | Claude Monet, **Selbstportrait mit Baskenmütze**, 1886

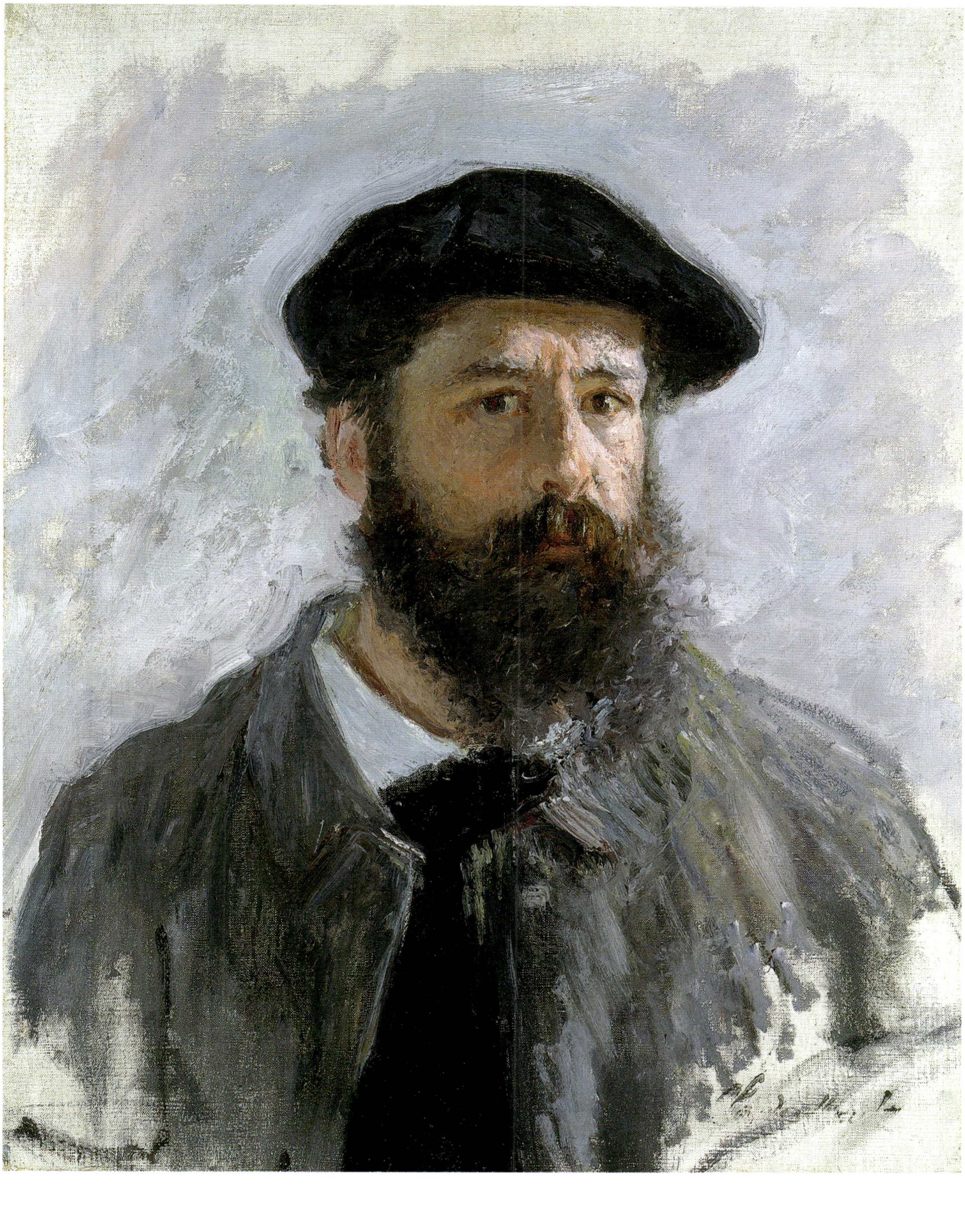

KUNST SEHEN!?

Florenz, Galleria dell'Accademia: Der Kunstwissenschaftler Michael Bockemühl umrundet mit fünfundzwanzig Studierenden den *David* Michelangelos. Anstatt der üblichen Verweildauer von drei Minuten verbringen sie ganze *drei Stunden* damit, die bekannteste Skulptur der Kunstgeschichte mit ihren Blicken zu erforschen. Nur: warum so lange hinschauen, wenn doch auf den ersten Blick geklärt ist, was zu sehen ist? Das Motto der Exkursion: „Sehen lernen". Aber muss das Sehen erst gelernt werden?

Was es mit dieser Fähigkeit auf sich hat, legte Professor Bockemühl von der Privaten Universität Witten/Herdecke Anfang der 1990er Jahre in einer öffentlichen Vorlesungsreihe dar. Anstatt seine Zuhörerinnen und Zuhörer über die Kunst zu belehren, lud er sie ein, an ausgewählten Werken die Möglichkeiten des eigenen Sehens zu entdecken. Das Publikum im ausverkauften Saalbau war begeistert und strömte zu den Vorlesungen. [2] Doch mittlerweile ist ein Vierteljahrhundert vergangen und der Kunstwissenschaftler lange verstorben. Warum also diese Vorträge publizieren? Welche Relevanz könnten sie heute noch beanspruchen?

Als ich die bereits vergilbten Abschriften der auf Tonbändern aufgezeichneten Vorlesungen in mein Seminar mitbrachte und an die Studierenden austeilte, war ich mir unsicher, wie sie darauf reagieren würden. Umso mehr erstaunte es mich, dass ausnahmslos alle ihre Begeisterung zum Ausdruck brachten. So schrieb mir eine Studentin auf meine Frage, warum die Vortragstexte veröffentlich werden sollten: „Für mich gibt es auf diese Frage nur eine schlichte Antwort: Wir haben verlernt, wirklich zu sehen. Unser Blick für Schönheit und die Natürlichkeit der Welt ist durch unseren Lebensstil und die Gesellschaft getrübt. Michael Bockemühl zeigt uns anhand von Kunstwerken, wie wir unseren Blick wieder dafür öffnen können." [3] Eine weitere Rückmeldung lautete: „Ich kann nicht genau benennen, was das Lesen der Worte und das Sehen der Bilder in mir angesprochen haben. Ich war in jedem Falle bewegt und hatte beim Fortschreiten in die Vielschichtigkeit der Bilder kleine, wenn man das Wort benutzen darf, ‚Offenbarungsmomente'." [4] Ein drittes Plädoyer hieß: „Herr Bockemühl hilft mir durch seine

2 „Ein Professor der Privaten Universität Witten/Herdecke reißt mit seinen Ansichten die Massen in seinen Bann!" hieß es zum Beispiel in einem Fernsehbeitrag (vgl. „Der Wittener Professor und die Kunst", Sendung vom 19.05.1993, WDR Fernsehen). Ein weiterer Bericht über eine Vorlesung zu Joseph Beuys endete mit den Worten: „So wenig Notizen, so viel Begeisterung für die Art der Vorlesung. Kunstgeschichte als Happening – gibt's noch ne Steigerung?" (vgl. „Das sichtbare Unsichtbare", Sendung vom 17.11.1994, WDR Fernsehen).

3 Jana Eckey, Philosophie und Kulturreflexion.

4 Rose Link, Philosophie, Politik, Ökonomie.

5 Clara Wicharz, Wirtschaftswissenschaften.

6 Michael Bockemühl „Die Wirklichkeit des Bildes", Stuttgart 1985, S. 180.

7 Andreas Grießer, Philosophie, Politik, Ökonomie.

8 Nikolas v. Kameke, Humanmedizin.

9 Michael Bockemühl in: Boesner Katalog 2004, hrsg. von Wolfgang Boesner, Witten, 2004, S. 52.

„Der Künstler ermöglicht, was der Anschauende verwirklicht.“

Michael Bockemühl

Ausführungen, die Kunst auf mich wirken zu lassen. Und was ich dann selbst erlebe, offenbart mir das Kunstwerk. Er hilft mir, selbst der Forscher zu sein.“ [5]

In seinen Vorlesungen nimmt uns Michael Bockemühl gemäß seinem Credo: „Der Künstler ermöglicht, was der Anschauende verwirklicht“ [6] gleichsam bei der Hand und führt uns zu den einzelnen Kunstwerken hin. Dabei werden weder Spekulationen über ihre möglichen Bedeutungen angestellt, noch abstrakte Theorien über das Sehen geschmiedet. Mit Witz und methodischer Konsequenz sucht der passionierte Wahrnehmungsforscher vielmehr die Aufmerksamkeit auf die durch nichts anderes als durch das Kunstwerk eröffneten Anschauungsmöglichkeiten zu lenken. Das bleibt nicht folgenlos. So schrieb mir ein weiterer Seminarteilnehmer: „Es ist nicht nur ein Kunst-Lesebuch. Es weist über sich hinaus, da es eine Anleitung zur Eigenverantwortung im Umgang mit Kunst ist. Außerdem regt es zum eigenen Erleben an und zur weiteren Anwendung im Leben des Lesers. Dadurch trägt es zur persönlichen Weiterentwicklung des Interessierten bei.“ [7]

An die Stelle einer das Kunstwerk erklärenden, abgeschlossenen Interpretation tritt hier das eigene Sehen als offener Prozess: „Herr Bockemühl gibt mir die Werkzeuge an die Hand, die ich benötige, um mit Kunst so umzugehen, dass sie mich weiterbringt, dass sie mir etwas zeigt, das ich sonst nicht gesehen, gefühlt hätte.“ [8]

Die Vorträge lassen, wie die Rückmeldungen verdeutlichen, einen Resonanzraum entstehen, in dem Betrachter und Kunstwerk einander näher rücken. Mehr noch: wir lernen uns selbst und unsere Umwelt künstlerisch zu betrachten. Und künstlerisch meint hier: „schärfer, exakter, weiter, konkreter, hautnaher, lebensvoller – und all dieses mehr und mehr bewusst.“ [9] Damit liefern sie nicht nur einen die bisherigen Bemühungen der Kunstwissenschaft fruchtbar ergänzenden Baustein. Sie eröffnen zugleich die Aussicht auf eine Wissenschaftskultur, die schon von ihrem methodischen Ansatz her Theorie und (ästhetische) Praxis so eng wie möglich miteinander verbindet. Eine Kultur, die den Gebrauch der eigenen Sinne fördert und das Wahrnehmen mit dem Denken verbindet. Das aber brauchen wir in einer Zeit, in der wir mit digitalen Fertigwaren reichlich versorgt und bisweilen geradezu überschüttet werden.

Wer sich auf Michael Bockemühls Ausführungen einlässt und seinen Anregungen folgt, dem enthüllt nicht nur die eingangs erwähnte Skulptur Michelangelos einen unvermuteten Facettenreichtum. Ihm wird auch zur Gewissheit, dass es in der Welt noch viel zu entdecken gibt.

David Hornemann v. Laer,
Witten im Febuar 2018

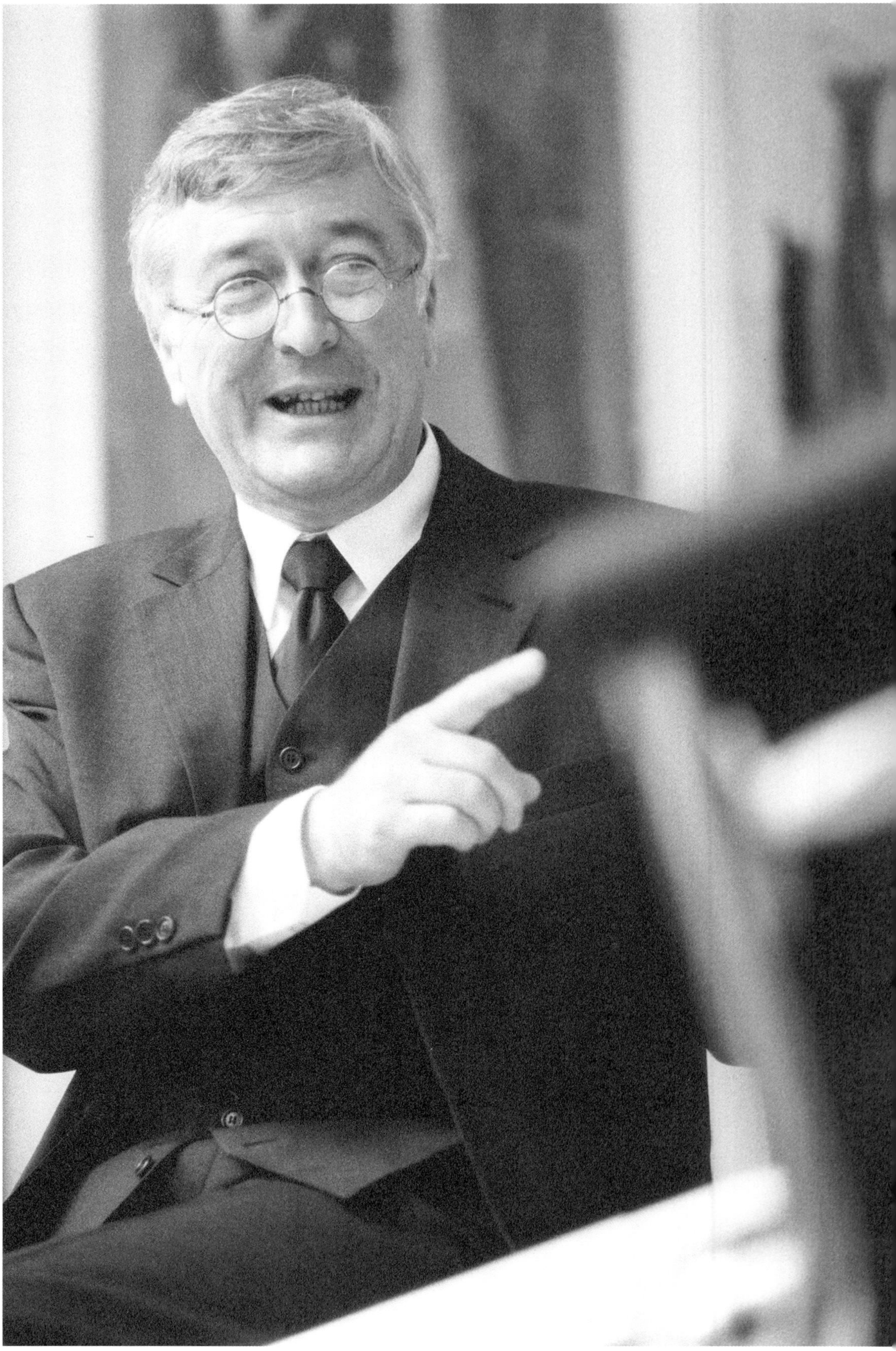

2 | Michael Bockemühl, 2003

„MONET IST EIN AUGE, DAS WUNDERBARSTE AUGE, SEIT ES MALER GIBT.“ [10]

Paul Cézanne

Meine Damen und Herren,

in meiner einführenden Vorlesung habe ich skizziert, wie einerseits das Anschauen durch die Kunst gesteigert werden kann und wie andererseits durch ein vertieftes Anschauen die Chance gegeben ist, die Kunst zu erfassen und zu durchdringen. Es entsteht also eine Art wechselseitiges Wirkungspotential. Denn die Kunst ist für die Sinne da und aus den Sinnen heraus konzipiert.

Die „Kulturübung Kunst" unterscheidet den Menschen von allen anderen Wesen, da es ihn vom Naturwesen zum Kulturwesen macht. Die Fähigkeit, Kunst zu üben, die ist nun zutiefst rätselhaft, weil durch die Sinne etwas fassbar wird von dem, was in der Welt als Kraft, als Leben wirkt. Gewöhnlich betrachten wir das immer als das Übersinnliche, Nicht-Sinnliche, als das Transzendente, Jenseitige, Geistige oder einfach als das Andere. Die ganze abendländische Philosophie hat uns bis zum Ende des 19. Jahrhunderts immer wieder klargemacht, dass es ein Jenseits gibt. Und für den, der an das Jenseits nicht glaubt, gibt es lediglich ein Diesseits, welches aber nur ein abgekapseltes Jenseits ist. Das eigentliche Rätsel also, wie man die in der Natur wirkenden Kräfte fassen kann, nicht nur über den Gedanken, sondern auch anschaulich, jeder Wahrnehmung zugänglich, das ist bis heute noch nicht beantwortet.

Wenn im heutigen Bewusstsein, im Vergleich zum 19. Jahrhundert, irgendetwas anders sein soll, dann ist es der Versuch oder die Entdeckung, dass man die Lebenswelt, also die Welt der Sinne, ansatzweise mit Bewusstsein durchdringen kann. Und zwar mittels der Kunst. Die Kunst birgt die Chance, die Welt der Sinne als eine Welt des Geistes und nicht als etwas Entfremdetes, Fernes und Anderes zu betrachten. Doch es gibt eine große Furcht, eine große Skepsis gegenüber dem, was uns die Sinne über die Welt sagen, weil man sagt: „Um Gottes willen, das ist ja subjektiv! Ich weiß ja gar nicht, wie das tatsächlich ist!“ Und über diesen großen Schreck vergisst man natürlich, dass man als einer, der das feststellt, selbst als Subjekt ganz sicher ist.

Jedes Subjekt ist sich vollkommen sicher, dass diese Aussage subjektiv ist. Woher kommt diese Sicherheit? Wenn ich etwas als subjektiv einstufe, fühle ich mich ungeheuer objektiv! Doch sollten wir nicht vergessen, dass diese Aussage ein Subjekt trifft, sie also auch nur

10 Von Joachim Gasquet überlieferte Worte, zit. nach Michael Dorn (Hg.), Gespräche mit Cézanne, Zürich 1982, S. 151.

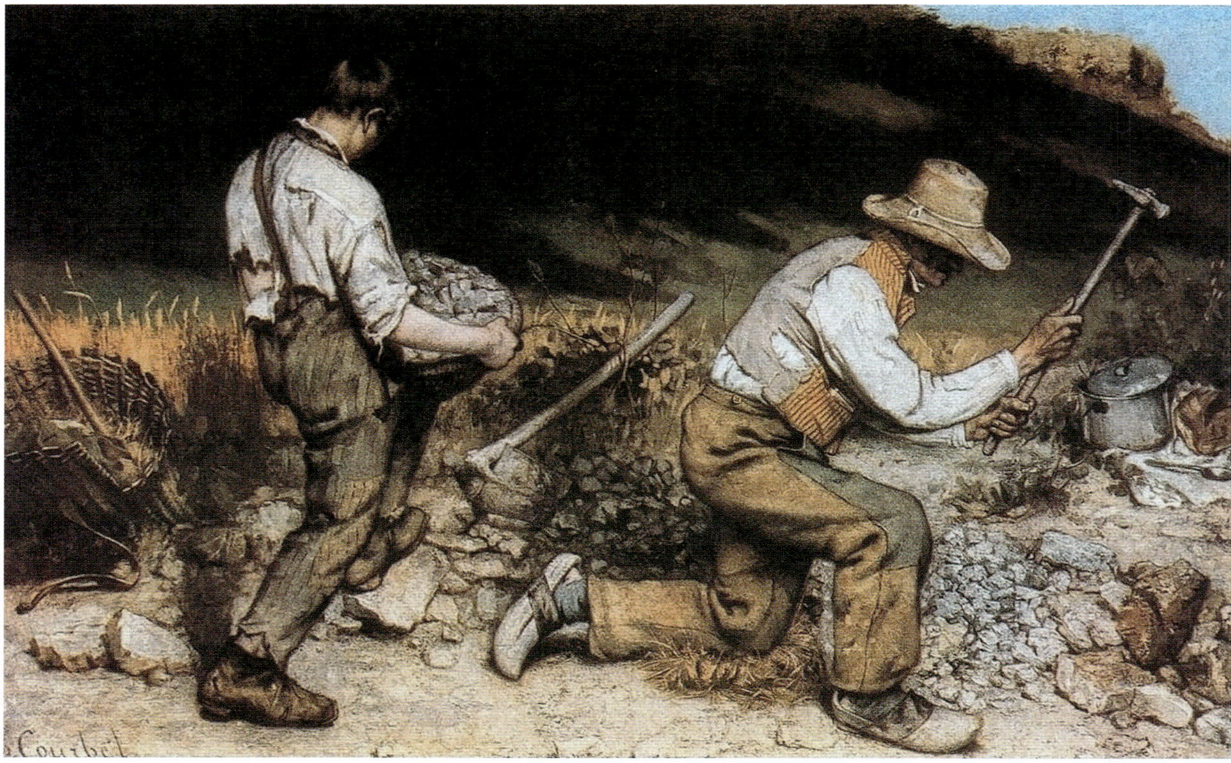

3 | Gustave Courbet, **Die Steineklopfer,** 1849 (1945 zerstört)

subjektiv sein kann. Entweder ist das alles Blödsinn oder es löst sich dieser logische Zirkelschluss durch die Lebenswirklichkeit, durch die Wirklichkeit der Sinne auf. So haben wir tatsächlich eine Chance, uns im Beobachten von Kunst dieser Sinnestätigkeit bewusst zu werden, nur auf ganz verschiedene Arten.

Wenn ich nun versuche, anhand der Malerei Monets darauf aufmerksam zu machen, was an seiner Kunst erfahren werden kann, dann bitte ich Sie herzlich um Verständnis, dass ich biographische Details hier unterdrücken muss. Das ist ja auch etwas ganz Schönes, wenn man weiß, wie der Künstler gelebt hat, als er dieses und jenes Werk schuf (s. Anhang, S. 74-76). Ich will mich hier aber auf unser Hauptthema „Kunst Sehen" beschränken. Und das ist ja hier nicht als Theorie gemeint, sondern als Praxis. Das Ziel wäre also, dass Sie im Anschauen der Kunstwerke Monets *unmittelbar* erleben können, was wir hier bedenken. Dann wäre das Ziel der Übung erreicht – nämlich eine Anregung zu geben für einen eigenen Umgang, denn Erfahrungen kann jeder nur selbst machen.

Beim letzten Vortrag gab ich einen sehr einseitigen Rückblick auf das 19. Jahrhundert. Doch die Einseitigkeit hat den großen Vorteil, dass sie das deutlich macht, was man meint. Ich weiß, wie Sie wissen, dass ich weiß, dass man das nicht tut. Also mit einem gewissen Augenzwinkern müssen wir uns klar sein, dass eine solche didaktische Verengung nur einen ganz bestimmten Blickwinkel auf die historische Wirklichkeit der Geistesgeschichte des 19. Jahrhunderts werfen kann. Wenn man sich das klar macht, dann war mir ein Punkt dabei sehr wichtig: darauf hinzuweisen, dass zum Ende des 19. Jahrhunderts ein Endpunkt, ein Zielpunkt einer ganz ungeheuren Kunst- und Kulturtradition erreicht wurde. Denn

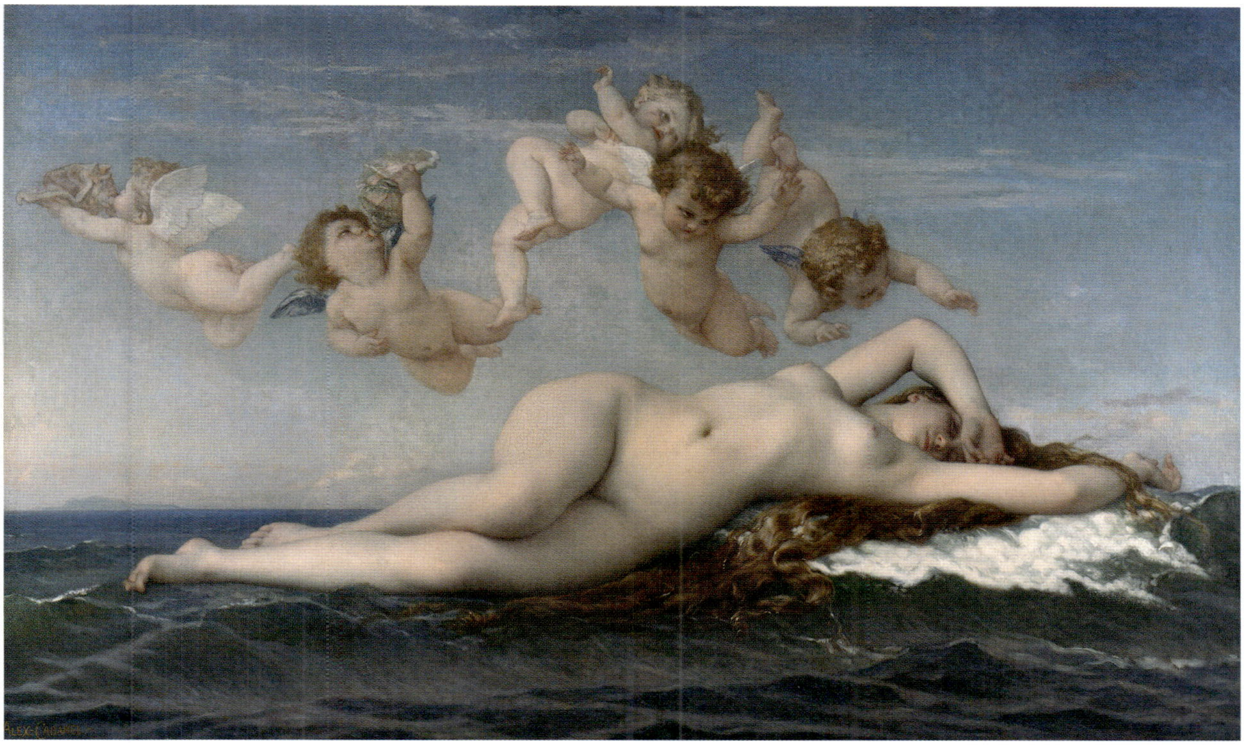

4 | Alexandre Cabanel, **Die Geburt der Venus**, 1875

zum ersten Mal in der ganzen Geschichte sah ein Abbild so aus, wie das, was es abbildet: das Vorbild.

Heute denken wir, das sei ein ganz normales Ziel. Stellen Sie sich mal vor, jemand malt ein Porträt von Ihnen. Dann sagen Sie: „Das ist gut getroffen. Aber ein bisschen besser sehe ich schon aus!" Der Vergleich ist also: Wie sehe ich tatsächlich aus und wie macht das der Künstler. Wenn der Künstler gut drauf ist, macht er das von sich aus etwas besser, wodurch es gleich gefällt. Dieses Element, dass man dann einen Vergleich zieht zwischen Bild und Abbild aus einem oft tief sitzenden Tick heraus, das kann man auch als Anpassung, als Angleichung betrachten. Und das hat in der Kunsttheorie auch unter dem Begriff der Mimesis, der Nachahmung der Natur, eine große Rolle gespielt. Dabei war die Natur die gegebene Welt, die der Künstler eben nochmal malte. Die Natur hat etwas gezeigt und jetzt kommt der Mensch und macht dasselbe nochmal. Und dann bestaunt man den Menschen, dass er dasselbe nochmal kann. Der einzige Unterschied besteht beim Bild darin, dass es unbewegt und flächig ist, was ich sonst räumlich und über die verschiedenen Sinnesebenen hindurch als scheinbare Wirklichkeit fassen kann.

Wenn sozusagen das Abbild dem Vorbild wirklich zum Verwechseln ähnlich oder gleich ist, dann sprechen wir von Realismus. Dann sagt man auch von einem Künstler, der zum Beispiel einen Mann mit einem Hammer darstellt, er habe die Realität dargestellt. Wer hingegen eine schöne Frau auf dem Meer liegend darstellt, die nicht untergeht, sagen wir: „Das ist nicht real", obwohl die schöne Frau wie eine wirkliche schöne Frau aussieht. Aber in Wahrheit ist gerade dann, wenn etwas genau so dargestellt ist, wie es aussieht, klar, dass das die Sache selbst nicht ist. Das Dargestellte verweist vielmehr

„Seit einem Monat bringe ich nichts Gutes mehr zustande. Ich habe fast alles abgekratzt oder zerstochen, was ich gemacht hatte, und mir graut vor mir selbst: Ein wunderbarer Sommer verloren. Ach, die Malerei, was für eine Qual! Ich bin wirklich zu nichts gut.“

Brief von Monet an Caillebotte [11]

auf eine andere Wirklichkeit. Die Kunst kam also Ende des 19. Jahrhunderts unausweichlich zu einem Umschlagspunkt, in eine Krise. Denn gerade dann, wenn die Mimesis vollkommen erreicht ist, drängt sich die Scheinhaftigkeit der Kunst unumgänglich mit ins Bewusstsein. Die Scheinhaftigkeit der Kunst. Denken Sie nur an den gewaltigen Unterschied zwischen einer gemalten Geliebten und der Geliebten selbst! Aber die gemalte Geliebte ist verfügbarer. Man kann sie umplatzieren. Ja, man kann sie sogar verschönern und sich daran erheben.

Die Kunst dient ja bekanntlich auch dazu, würdige Situationen zu rühmen und zu feiern. Man könnte es aber auch bissiger formulieren: Sie dient dazu, dem Mächtigen auch noch seine Verzierungen zu geben, die Gewalt zu verbrämen, oder die Welt des Tyrannen als Idealwelt darzustellen. Diese Tendenz, die Scheinwelt auch sozusagen substantiell als eine Flucht aus dem Realen zu betrachten, die Kunst als eine Art Wirklichkeitsflucht zu verstehen, diese Auffassung finden wir immer wieder. Denken Sie nur an die ganzen Karikaturen des schönen Künstlers, des Ästheten. Denken Sie an Wilhelm Buschs Poeten Balduin Bählamm, der weltfremde Dichter, der irgendwo in seinen Reimen schwebt, oder an den Maler, der sich seine Welt schön färbt, die rosa Wolke und so weiter. Alles das, was wir heute noch als Metaphern haben, wurde dort als Vorurteil gegen die Künstlerschaft geprägt.

Schließlich gab es den Anspruch der Kunst, Dokument von Wirklichkeit zu sein, doch in dieser Dokumentationsmöglichkeit wurde sie überholt, rettungslos überholt durch das technisierte Verfahren der Photographie.

EUROPABRÜCKE

Wir sehen hier eine Szene von Gustave Caillebottes „Europabrücke“. Wenn man das Bild betrachtet, kommt man nicht umhin, auch die Gegenstände zu benennen. Wo Sie auch hinschauen, Sie haben sofort einen Begriff präsent. Es wäre fast peinlich, bei den verschiedenen Dingen zu fragen, was Sie sehen, doch eben das ist verdächtig. Da ist beispielsweise ein Hund. Würden Sie eine wahre Antwort geben, müssten Sie sagen: „Das ist eine Ansammlung hellbrauner und etwas dunklerer Flecken auf dieser Fläche.“ Aber dazu müssten Sie sich schon gewaltig zwingen. Außerdem müssten Sie schon sehr nahe herangehen, um diese Feststellung zu machen. Erst wenn Sie den

11 Brief vom, 4.9.1887, zit. nach Daniel Wildenstein, Claude Monet. Biographie et catalogue ra sonné, 5 Bde., Lausanne/ Paris 1974–1991, Bd. III, S. 298, Brief Nr. 1424.

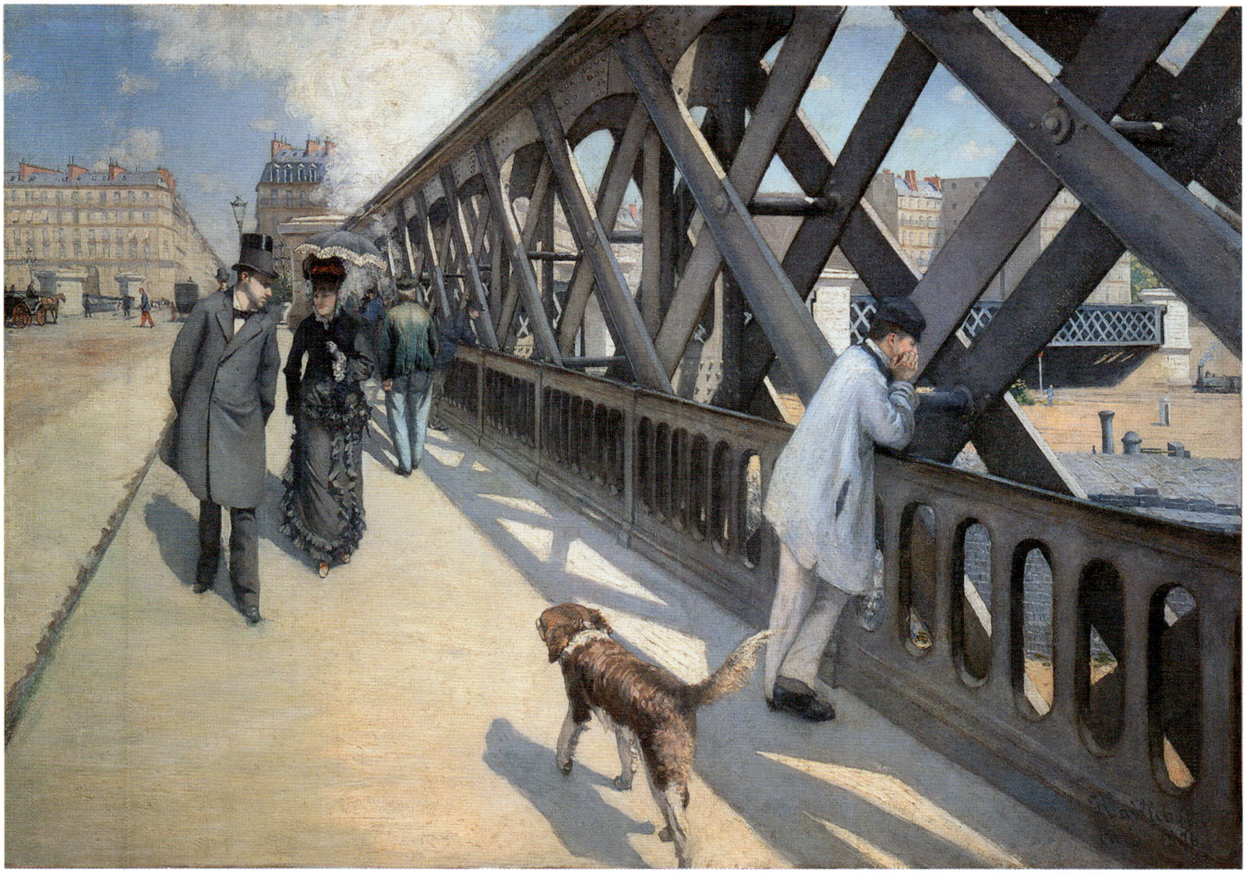

5 | Gustave Caillebotte; **Europabrücke**, 1876

Überblick verlieren durch Nähe, dann können Sie das sagen. Sonst drängen sich Begriffe wie „Hund", „Frau", „Mann", „Brücke", „Eisenkonstruktion", „Häuser", „Wolken", „Straße", „Sonntagvormittag" unabweisbar auf. Sehen und Erkennen findet hier gleichzeitig statt. Man kann das nicht trennen. Und damit kommt bei diesem Bild auch eine gewisse Attitüde auf, eine Begriffsattitüde, Sehen und Begreifen immer als *einen* Vorgang zu verstehen.

Nun muss man verstehen, worin die eigentliche Provokation, die eigentliche Zumutung liegt. Das Bild sieht so aus wie die sogenannte Wirklichkeit und kann deshalb mit ihr verwechselt werden. Dass Sie diesen Hund nicht am Schwanz ziehen können und dass er immer noch nicht im Bild ist, seine eine Pfote also immer noch draußen, außerhalb des Bildrahmens, hängt, ist ganz klar. Dass der Hund im wahrhaftigen Sinne also keine Fortschritte macht und wir immer noch hinterher sind. Man musste erst zu einem Verfahren kommen, welches sichtbar macht, dass der Hund tatsächlich weiter rennt. Doch das Kino war noch nicht erfunden beziehungsweise der durch hintereinander geblendete Standbilder entstehende illusionäre Eindruck eines Bewegungskontinuums noch nicht entdeckt. Es entstand aber durch die 1876 erreichte Perfektion ein ganz neues Verhältnis zum Bild. Dieses Verhältnis läutete ein anderes Verhalten des Menschen zu seinen Sinnen und zu seinem Begreifen ein.

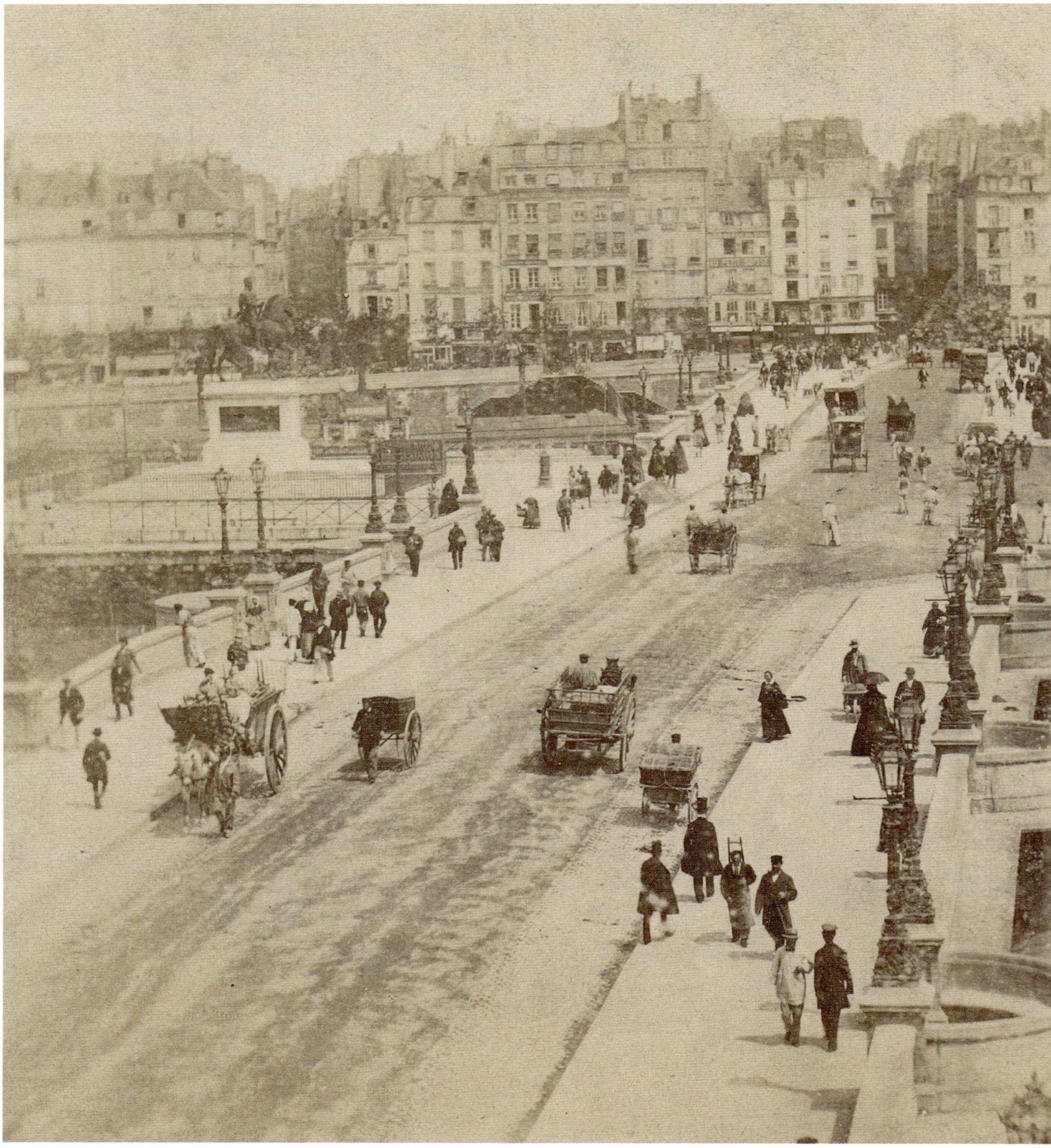

6 | Hippolyte Jouvin, **Die Pont-Neuf, aufgenommen am Ufer Grand Augustin**, 1860-65

DER WEG MONETS

Claude Monet knüpft motivisch an Themen, wie sie Caillebotte, den er persönlich kannte, zur Darstellung gebracht hat, an. Es gibt Photographien aus der Zeit, zum Beispiel von Hippolyte Jouvin, hier von 1865, als man zum ersten Mal solche Schnappschüsse machen konnte. Man fand es ungeheuer interessant, in ein Straßengeschehen hinein zu photographieren und zu bemerken, wie die einzelnen Leute nun in einer Stellung verharren. Man kann diese Stellung ja nur so verstehen, dass man sagt: „Aha, der Mensch ist in Bewegung!". Denn in dieser Stellung kann man nicht dauernd stehen. Diese verklemmten Haltungen werden nur sinnvoll, wenn man weiß, dass der Mann im Begriff ist, den Fuß zu heben und dann wieder abzusetzen, also ihn momentan als arretiert anzusehen. Man sieht also, dass man ihn jetzt nur in Bewegung verstehen kann. Aber so, wie man ihn sieht, wird die Bewegung sozusagen zum Starrkrampf, weil er sich ja in Wahrheit nicht bewegt. Man sieht zwar mit einer Eindeutigkeit wie nie zuvor den Bewegungsablauf, aus dem man einen Status herausgreift und zur Dauer macht. Doch der eigentliche Wunsch, das Ziel, die Bewegung, das Jetzt, die Authentizität des augenblicklichen Moments wirklich zu erfassen und zur Gegenwart zu machen, das wirkt sozusagen kontraproduktiv.

Es ist nun sehr interessant, wie gerade Monet mit einer solchen Situationalität, wie wir sie bei Caillebotte auf der „Europabrücke" (S. 17) oder hier bei der Photographie von Jouvin gesehen haben, verfährt.

„Man fand es ungeheuer interessant, in ein Straßengeschehen hinein zu photographieren und zu bemerken, wie die einzelnen Leute nun in einer Stellung verharren."

BOULEVARD DES CAPUCINES

Hier auf dem Bild „Boulevard des Capucines" sieht man eine starke Szene, in der nun der Unterschied ganz außerordentlich deutlich wird. Sie sehen, die Akkuratesse eines scharf gestochenen Photos erreicht das nicht. Man könnte wirklich denken, der Künstler habe das nicht ganz deutlich hinbekommen. Beispielsweise sind die einzelnen Figuren hier nur einzelne, hin getupfte Striche. Aus der Fernsicht, die hier vorliegt und die auch im Bild thematisiert ist, bemerkt man nur einzelne Gruppen von einzelnen Figuren, von gruppierten Figuren eben. Ein Wechsel derart, dass man erkennt darin kein Gesetz, es sei denn, der Zufall wäre Gesetz. So als käme in diese Gruppierung etwas Wahlloses hinein. Das Wissen von einer Straße, von einem Boulevard, das bringt man mit und führt dann diese Gruppierung, diese originelle Komposition, auf eine zufällige Zusammenhäufung dieser Bildelemente zurück. Es ist sehr interessant, dass eben diese Zufälligkeit hier nicht dank einer noch weiter präzisierten Bewegungsstudie auftritt, die den einzelnen Moment noch fester hält, als man das zum Beispiel bei Caillebotte oder bei der Photographie beobachten konnte. Bei der Betrachtung dieses Bildes weiß man mit jedem Blick nicht so recht, ob man verweilen soll oder nicht. Wenn Sie hinschauen, zieht es den Blick nach allen Seiten. Es gibt sozusagen keine Priorität, stattdessen tritt eine Egalität auf. Es wird nichts betont und damit kommt etwas Neues, Interessantes auf. Es ist zwar jetzt wie eine aktuelle, gestreute Menge, die so oder auch anders sein könnte. Kein individueller Begegnungsaugenblick wie bei Caillebotte, wo das Hündchen mit seiner Pfote immer noch nicht auf den Fußboden kommt und nur deswegen und gleichzeitig trotzdem als in Bewegung zu verstehen ist. Hier kommt aber noch etwas anderes in diese lose Gruppierung, in das sich Zusammenziehen und sich Zerstreuen der Gruppe. Es aktualisiert sich ein Dauergeschehen. Es gibt mal viele, mal wenige Leute.

Gehen Sie mal an den Bahnhof und beobachten Sie, wie die Leute dort durcheinander wuseln. Diese Kontingenz, diese Zufälligkeit ist eine Alltagserfahrung. Es ist das übliche Geschehen. Das Geschehen als Geschehen an sich und nicht nur als dieses spezifische Geschehen. Der Betrachter ist Augenzeuge von etwas, das typisch ist für eine Jetzt-Erfahrung, nämlich das Verhalten einer Menschenmenge. Aber es kommt nicht nur auf die Menschenmenge an, sondern auch darauf, dass dadurch charakterisiert wird, wie eine solche Straße lebt. Wie eine solche Pariser Stadtlandschaft einen gewissen Flair hat, in dem das Leben, die Bewegung und die ganze Stimmung plötzlich erfasst wird durch diese Aktualisierung.

Es kommt also ein allgemeines Element in diesen zugespitzten Zeitpunkt, der in Caillebottes Bild so deutlich hervortritt. Es ist interessant zu beobachten, wie Claude Monet die Schärfe, die Caillebotte erreicht, die das Photo erreicht, die Schärfe der Konturen, wieder auflöst und eben damit eine gewisse Beweglichkeit in das suchende Auge eingeführt wird.

7 | Claude Monet
Boulevard des Capucines, 1873-74

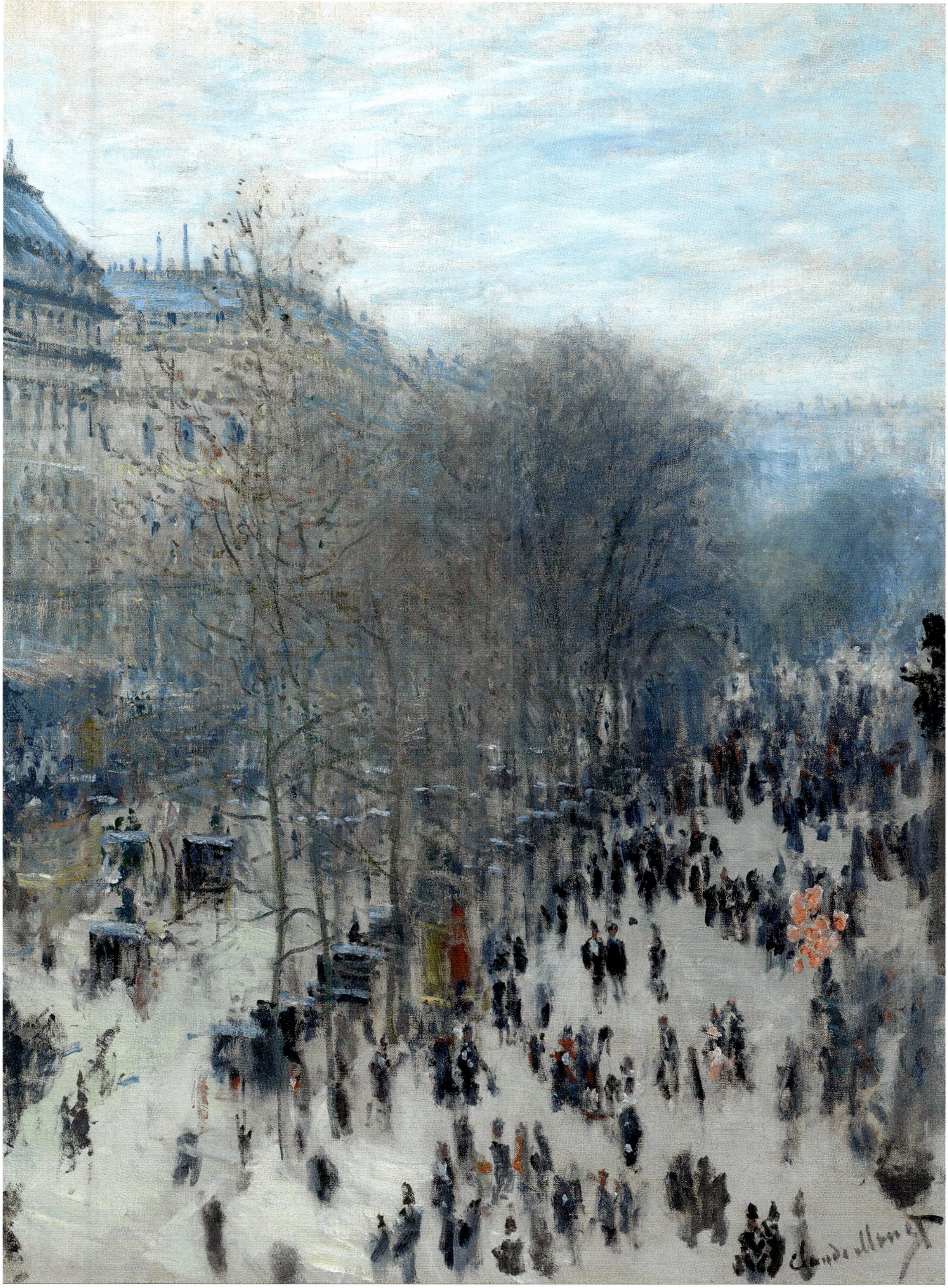

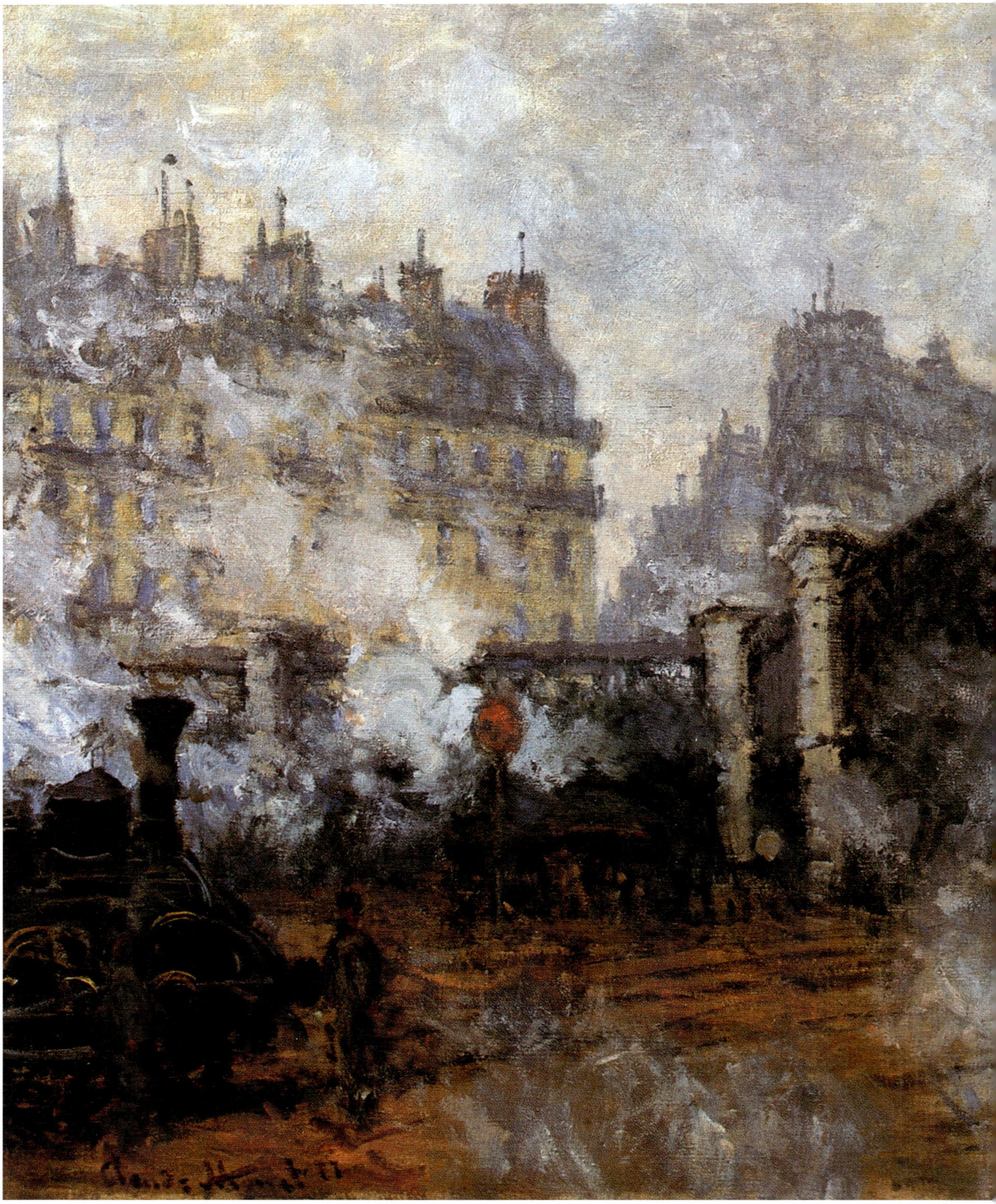

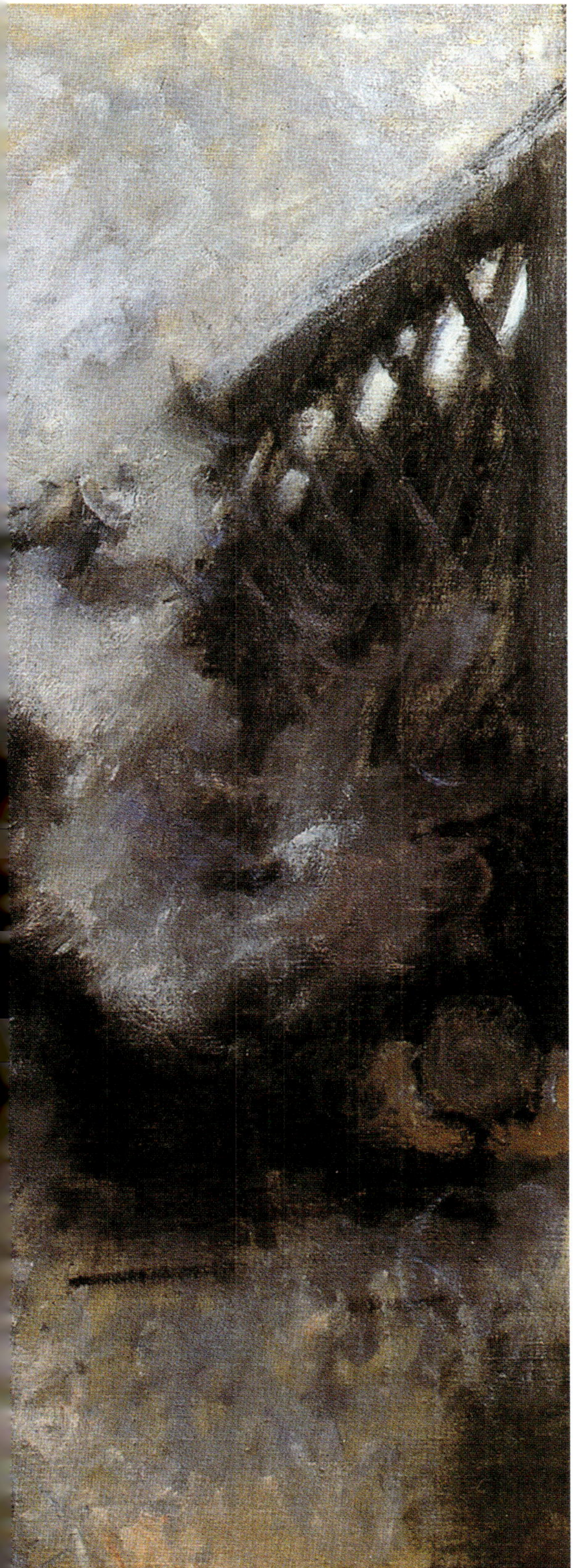

EUROPABRÜCKE GARE ST. LAZARE

Besonders deutlich wird dies bei der Betrachtung der Europabrücke des Gare St. Lazare. Sehen Sie, wie anders er das darstellt als Caillebotte?

Man hat den Eindruck, dass zum Beispiel die Fluktuation, wie sie an dem aufsteigenden Dampf hier anschaulich wird, nicht so zu verstehen ist, als ob sie jetzt so und nicht anders sei. Dies ist auch für eine Wolke keine Dauerstellung. Man kann sich das gegenständlich nur als Schnelles und Lebendiges, in einem kontinuierlichen Wandel Begriffenes vorstellen. Trotzdem ist es so, dass die Gegenstände vielmehr aufgelöst sind. So ein Schornstein, ein solches Signal, die Häuserzeile, das konstruiert sich, aber aus einem Zusammenhang, der sonst sehr übergänglich und locker gemalt, sehr luftig ist. Auch hier sehen Sie Figuren, die aber im Zusammenhang mit ihrer Umgebung nicht so scharf voneinander abgegrenzt bzw. angedeutet werden, wie beispielsweise die Lokomotive. Um sie herum ist etwas Luftiges, Flockiges, Nicht-Abgeschlossenes. Man hat den Eindruck, und darauf kommt es mir an, dass Monet die Zufälligkeit im Motiv, das Vorübergehende, das Augenblickliche, das Lebendige, das Jetzt-so-und-gleich-wieder-anders nicht dadurch fasst, dass er die einzelnen Sachen motivisch äußerlich-gegenständlich auf den Punkt bringt. Vielmehr geht er von der Zufälligkeit des Gegenstandes über in eine Art Zufälligkeit der Malerei selbst. Dass also ein zufälliges, flüchtiges Umgehen mit dem Pinsel etwas an Bildqualität einträgt, was sonst der Gegenstand selber vollführen muss, aber im Bild ja nicht vorführen kann, weil Leute im Bild nun mal nicht laufen können.

8 | Claude Monet, **Europabrücke Gare St. Lazare,** 1877

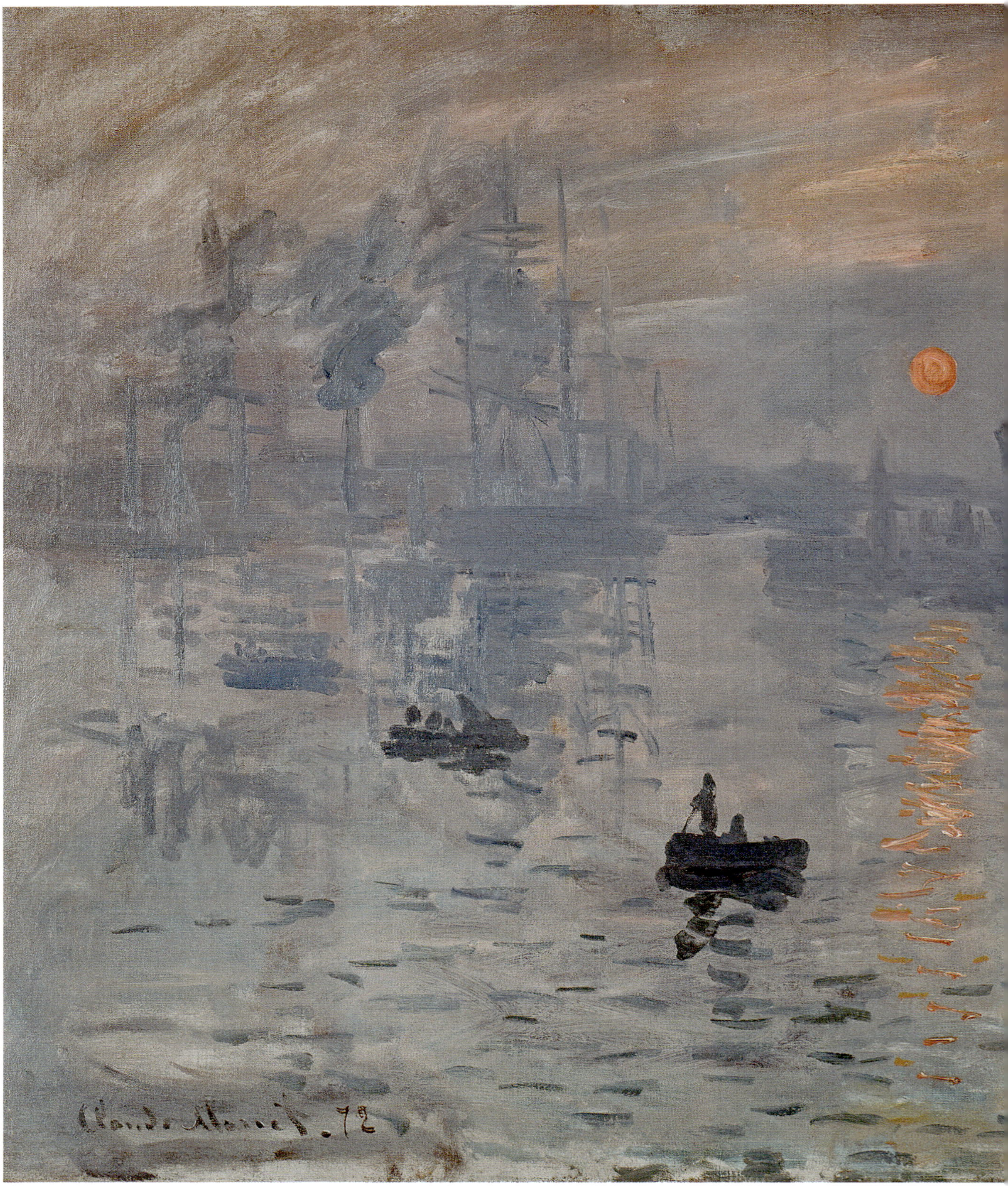
Claude Monet . 72

IMPRESSION (SONNENAUFGANG)

Die eigentliche Provokation für die Zeitgenossen lag nun genau an diesem Punkt, nämlich in der Malweise selbst. Dieses Bild hat einen berühmten Namen, weil es heißt: „Impression de soleil levant“ und wurde 1872 bei der zweiten Ausstellung im Salon des Refusés gezeigt. Dieser Salon hatte zuvor die Bilder von einigen Künstlern zurückgewiesen, die sich daraufhin zusammenschlossen, um eine eigene Ausstellung zu organisieren. Dort hing eben auch Monets Bild. Der Maler Renoir war ebenfalls an diesen Ausstellungen beteiligt, da sein Bruder den Katalogtext geschrieben hatte. Die Renoirs sagten, um dieses Bild irgendwie zu entschuldigen: „... das ist nicht ein Sonnenaufgang, sondern das ist bloß der Eindruck eines Sonnenaufgangs“. Und das hat ungeheuer eingeschlagen. Im Satiremagazin Le Charivari wurde das dann von Louis Leroy als Eindruckskunst verhöhnt und ihm der Spottname „Impressionismus“ gegeben. Es geht also alles vom Titel dieses Bildes aus, der gar nicht von Monet selber stammt. Insofern hat dieses Bild aus Versehen den Ruhm der ganzen Strömung den Namen gegeben.

Das ist aber mehr das Anekdotische. Die eigentliche Zumutung lag darin, dass ein total unfertiges Bild mit dem Anspruch, Bild zu sein, aufgehängt wurde. Wieso war das eine Zumutung? Was ist damit gemeint?

9 | Claude Monet, **Impression (Sonnenaufgang)**, 1872

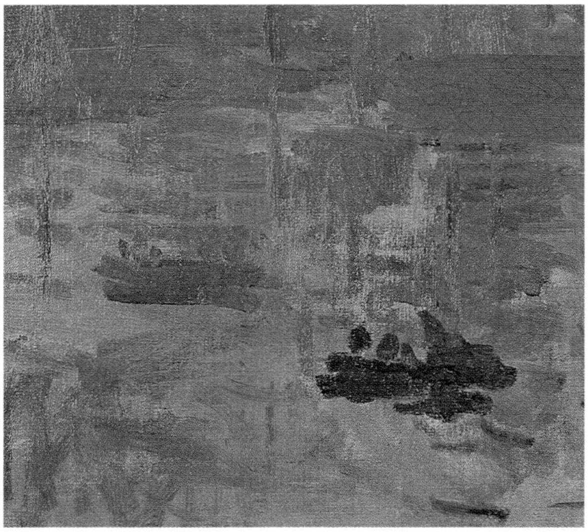 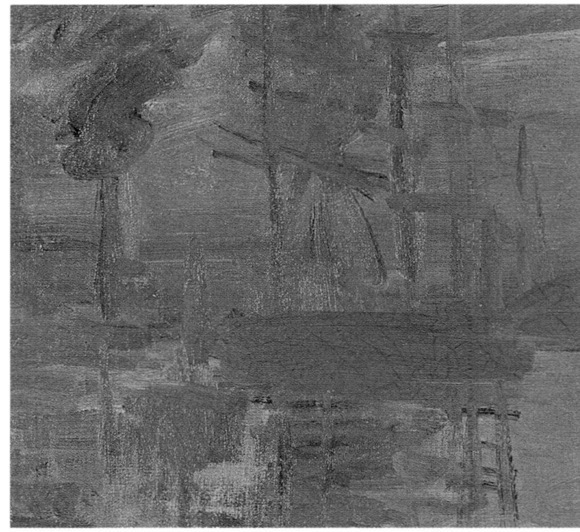

Die herrschende Vorstellung war, dass ein Bild fertig zu sein hat, wenn es im Salon hängt, dann hat es den Anspruch ein „finito“ zu sein, ein beendetes, abgeschlossenes, fertiges Werk. Und dann hing dort etwas, das nicht zu Ende gebracht worden war. Das knüpft an die Tradition von Delacroix an. Ich habe Ihnen das letzte Mal die „Löwenjagd" von Delacroix gezeigt. Eine rohe Skizze, ein Hin und Her von Farben und Formen, was kaum übersichtlich war.

Auch dieses „unfertige" Bild Monets war in den Augen der Zeitgenossen nur als ein Geschmiere aus blauer und grüner Farbe, aus Farbtupfen, Reflexen, rohen Punkten zu verstehen. Hier eine hingeworfene Figur, die ein Boot sein soll, mit einem stehenden und einem sitzenden Mann darin. All das war unerträglich, weil es mit dem Anspruch auftrat, Bild zu sein; und mit dem Bild war damals das vollendete, das abgeschlossene, das zu Ende gekommene Werk gemeint. Aber schon bei Delacroix wurde das „inachevé“, das Nicht-Zuende-Gebrachte, als eine besondere Chance der Malerei betrachtet, und das hatte schon seine Tradition aus dem 17. Jahrhundert. Vielleicht haben Sie schon mal von dem Streit der Rubenisten und der Poussinisten gehört?

Es gab einen Verteidiger der Malerei von Rubens, Roger de Piles, der in bestimmten Traktaten darauf hingewiesen hatte, welch blödsinniger Zeitverlust darin besteht, in einem großen Gemälde beispielsweise eine Traube bis zum Ende zu malen, wenn doch mit ein paar Pinseltupfern derselbe Effekt zu erzielen ist. Man hatte mit einer Art Ökonomie der Malweise versucht zu erklären, dass der Maler frei mit dem Bild umgehen kann, dass es nicht darauf ankommt, wie das Bild an der Leinwand aussieht, sondern wie es von einer vernünftigen Entfernung aussieht, aus der nämlich die Farben dann zusammentreten und sich zur Vollständigkeit des Gegenstandes fügen.

Das wäre nun ganz schön, wenn nicht Monet weit darüber hinausginge. Sie können hier noch so weit weg gehen, es fügt sich nicht mehr zu einer aalglatten, geschlossenen Gegenstandshaut zusammen, sondern bleibt offen, bleibt angerissen, bleibt im „non-finito“, also im Unvollendeten. Das war die Provokation. Hier geht es nicht um Kulissenmalerei, sondern darum, dass das, was ich sehe, auch in der unfertigen Form immer mit präsent bleibt. Was ist aber die Folge, wenn man so etwas ansieht? Ist dieser Teil noch Wasser? Also, man

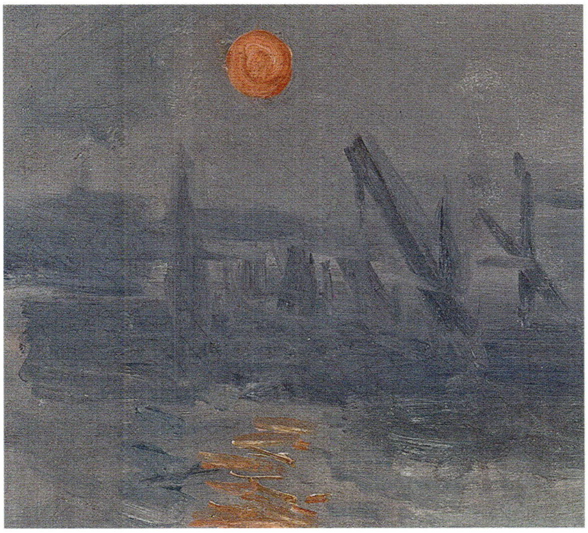

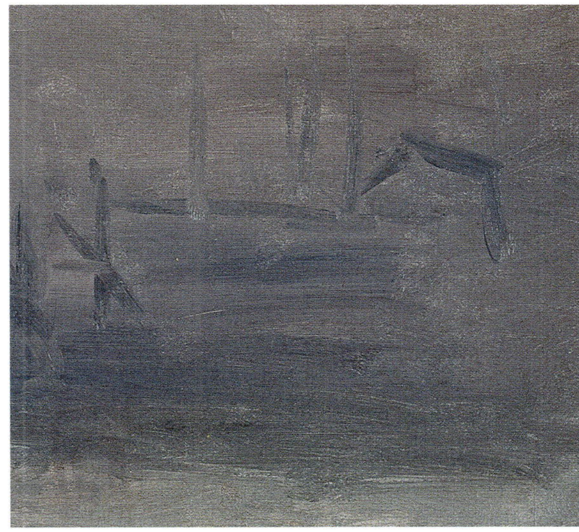

weiß es nicht – und man weiß es doch. Und durch dieses Element der unfertigen „Struktur“ wird etwas angeregt. Der Betrachter nämlich fängt an, Bilder, Erinnerungen in das hinein zu projizieren, was hier gesehen wird. Er vervollständigt etwas, was auf dem Bild nie fertig wird; und wenn er vergleichen will, mit dem, was wirklich ist, wird er irritiert und er beginnt von vorne. Die Skizze hält den Betrachter auf Distanz und regt ihn ständig dazu an, wieder neu und immer neu zu erraten. So kommt er in den Vorgang des Suchens, in eine Suchbewegung. Doch die Suche kommt nie ganz zu Ende, da die Sache unentschieden bleibt. Das ist Sonne, das ist aber Wasser. Und jeder weiß, das ist Sonne, das ist Wasser, das ist Boot, das ist auch ein Boot, das ist ein Pier, das sind Häuser, das sind Kräne. Aber genau sagen zu wollen, wo was ist, ist unmöglich; und man sitzt wieder in der Soße. Dadurch kommt es zustande, dass man von dem fertigen Bild übergeht in einen Prozess der Andeutung. Deuten ist das eine, man kann etwas klar deuten, aber andeuten, einen Weg, eine Richtung angeben und dann den Betrachter allein lassen mit der Einlösung – das ist hier die Zumutung.

Der Weg geht hier weg vom Perfekten ins Offene hinein, vom Vollendeten ins Unvollendete. Ein Weg zur Offenheit nicht nur des Bildes, des Gegenstandes im Bild, sondern zur Offenheit des Vorganges, mit dem Bild umzugehen. Das Anschauen, das Immer-weiter-Fragen, das Immer-neu und das Immer-wieder-anders-Hineingehen in das Bild, was zur Folge hat, dass es auch immer wieder frisch gemalt wirkt. Das bedingt nun, dass man in ganz neuer Weise der Prozesshaftigkeit des Entstehens eines Bildes und des Anschauens selbst gegenwärtig wird, was man ja sonst vergisst. Wenn Sie sich sonst umschauen und bemerken, dass Sie sehen, dann haben Sie einen Fehler im Auge. Eine ungeputzte Brille oder Kopfweh, irgendetwas stimmt dann nicht. Man vergisst, wenn das Sehen funktioniert, dass das Sehen ein Prozess ist. Denn bei diesen Bildern tritt nun dieser „krankhafte“ Zustand ein, dass das Sehen als Prozess mit ins Bewusstsein drängt. Das kann man als großen Mangel ansehen, wie viele der Zeitgenossen Monets. Das kann aber auch seinen Charme haben.

DER SPAZIERGANG

Das Bild zeigt eine Dame mit Sonnenschirm und ein rotbackiges Kind mit Hut auf einer grünen Wiese. Wenn Sie sich diese Wiese im Detail anschauen, werden Sie bemerken, dass dies nie und nimmer eine vernünftige Blumenwiese wird – jedenfalls wenn man etwas erwartet, was dort auf dem Bild präfigurierte Vorstellungen einlösen soll. Aber diese Struktur, die aus ein paar Pinselbewegungen, ein paar Spuren von Blau, Gelb, Grün und Rot besteht, löst das nicht ein. Hier ein roter Strich, dort gelbe Tupfen, dunkelgrüne, blaue. Das fügt sich ein in einen Gesamtkontext, der nun an Duftigkeit nicht zu überbieten ist, weil nicht nur eine lockere Sommerwiese und ein wunderbares Chiffonkleid gezeigt sind, sondern weil die Offenheit des Gegenstandes nicht nur eine des Wissens um diesen Gegenstand ist, sondern auch des Wahrnehmens. Es bleibt offen. Ich kann auf etwas zugehen, was sich nie ganz schließt. Auch eine Blumenwiese ist nun auch etwas, was keine geschlossene Oberfläche ist; ebenso wie ein durchschimmernder Stoff der selbst auch keine geschlossene Fläche darstellt. Das wird aber nicht nachgeahmt, sondern zum direkten Blickerlebnis gemacht. Die Farben und Formen werden so gestaltet, dass man in den Prozess der Diaphanie, des Durchscheinenden, des Luftigen, des Nur-eben-Angedeuteten hineinkommt. Und plötzlich hebt sich aus der Andeutung in einer ganz neuen Weise das sichere Wissen auf.

Dieses Wissen wird erst in der anschaulichen Erfahrung real. Es liegt dort nicht einfach bereit, sondern es setzt voraus, dass man sich diesem anschaulichen Prozess anvertraut.

10 | Claude Monet, **Der Spaziergang** (Frau mit Schirm - Madame Monet und Ihr Sohn), 1875

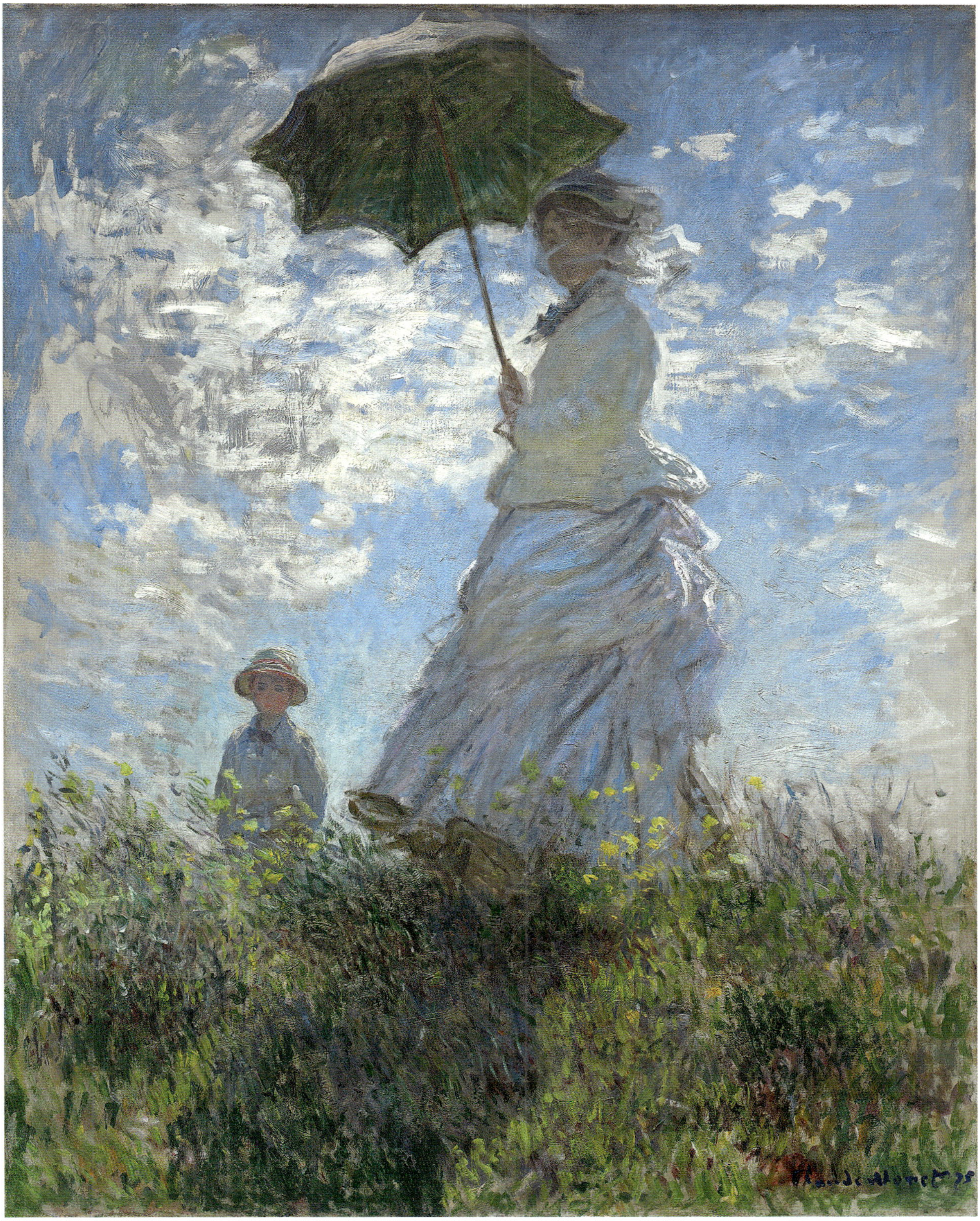

TERRASSE AM MEERESUFER

Zu dieser Zeit war auch die Plein-Air-Malerei, also die Malerei an der freien Luft ein großes Thema. Man hatte es satt, die Ateliersoße über jede Leinwand auszubreiten, dieses braune Timbre. Diese Bildfarbigkeit war nie mit der Wirklichkeit konfrontiert, sondern immer auf eine ästhetische, dem Auge wohltuende Einheit hin konzipiert. Jede Farbe war beeinträchtigt und modifiziert durch das Gesamte, so dass immer Farbharmonien entstanden. Nun war eine ganz andere Devise gegeben: Raus aus dem Atelier, in die freie Luft, um sich, wie an diesem frühen Bild Monets gut zu sehen ist, den Wirkungen der Farben und Formen unmittelbar, sozusagen hautlos, nahtlos auszusetzen. Das ist einer der unglaublichen Schritte, sich daran zu wagen, die Primärfarben einzusetzen und nun durch bestimmte Farbabsetzungen die Atmosphäre, das Licht, die Authentizität einzufangen. Das ist schon der Weg zum Abstrakten, da löst sich das Ganze schon auf hin zu einem Farbenspiel.

Man muss sicherlich berücksichtigen, dass im Kunstwollen des frühen Impressionismus auch ein Versuch lag, die Augenblicklichkeit der Momentgestaltung weiter auf die Spitze zu treiben und nicht nur die Bewegung zu materialisieren und festzuhalten, sondern auch noch das Spiel des Lichtes, auch noch die Wirkung der Atmosphäre mit zu versinnlichen. Das hatte den fatalen Wunsch zur Folge, alles im Bild festhalten zu wollen.

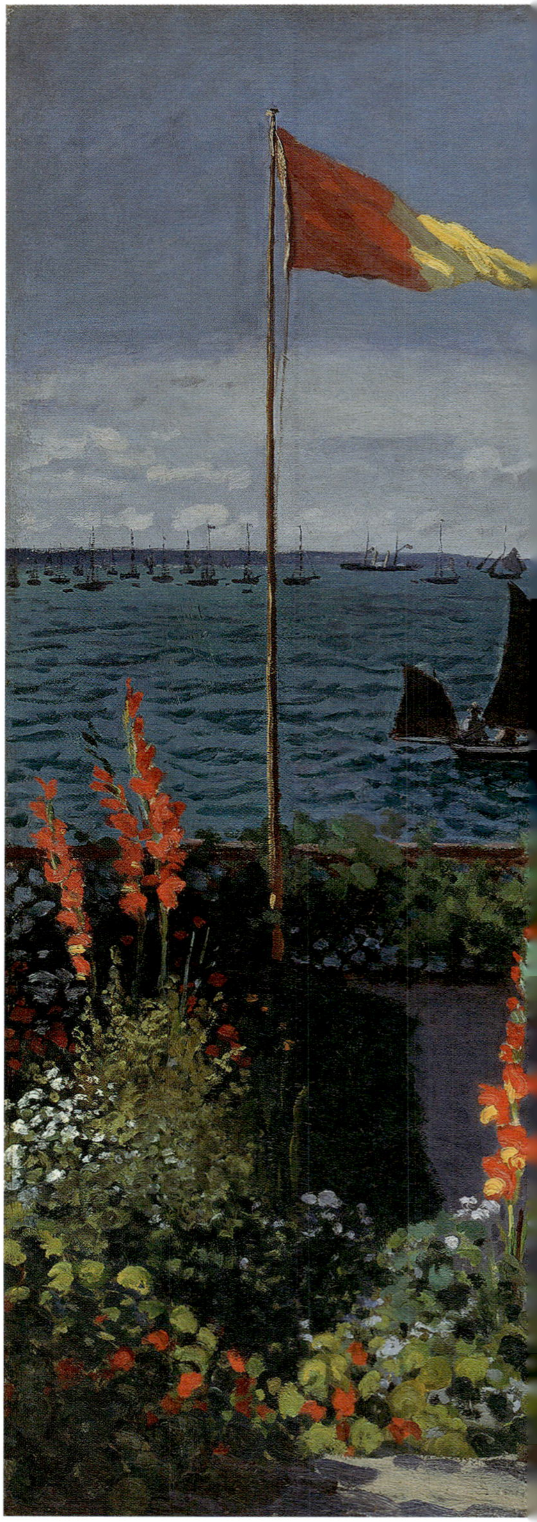

11 | Claude Monet
Die Terrasse am Meeresufer, Sainte-Adresse, 1867

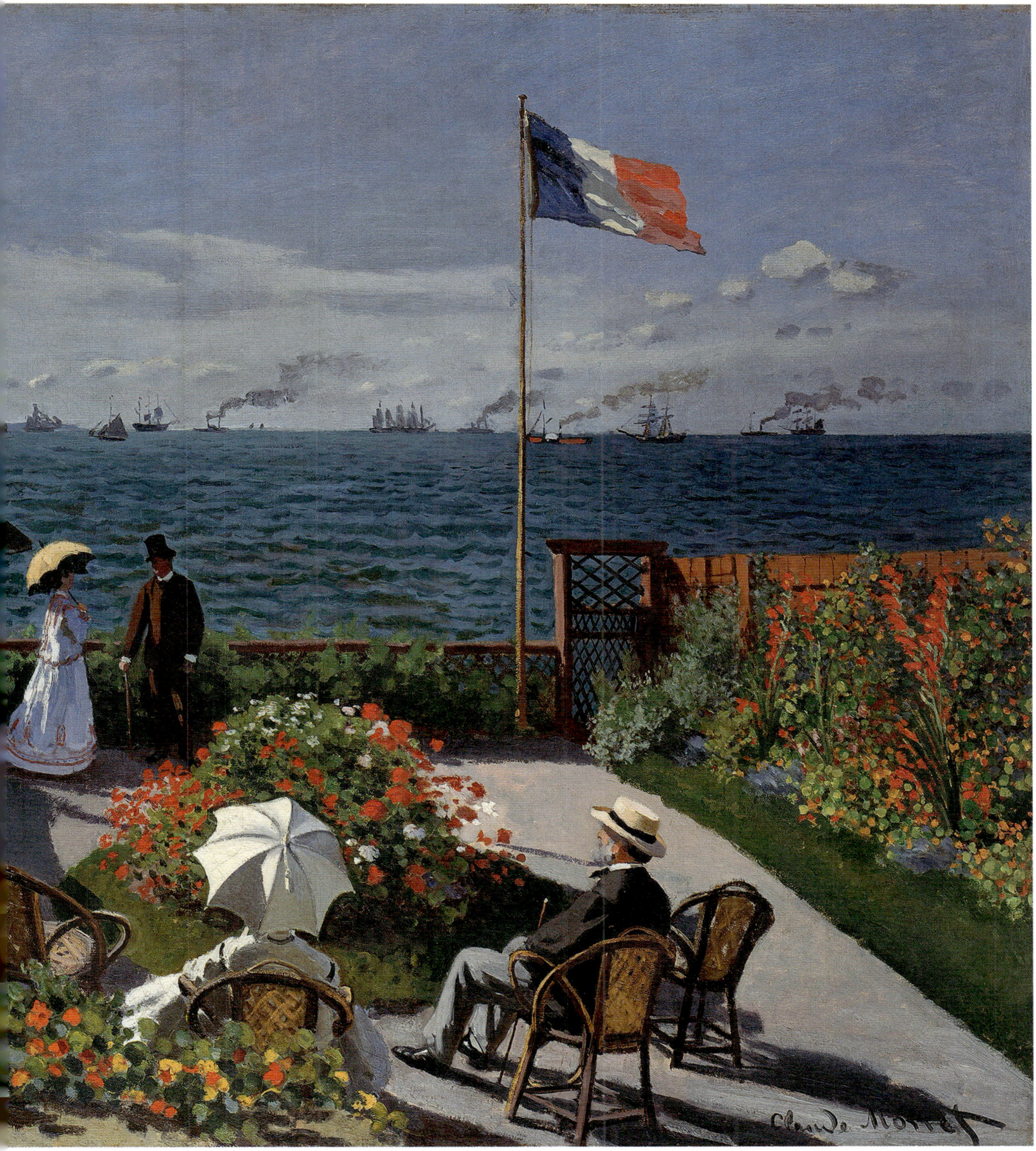
Claude Monet

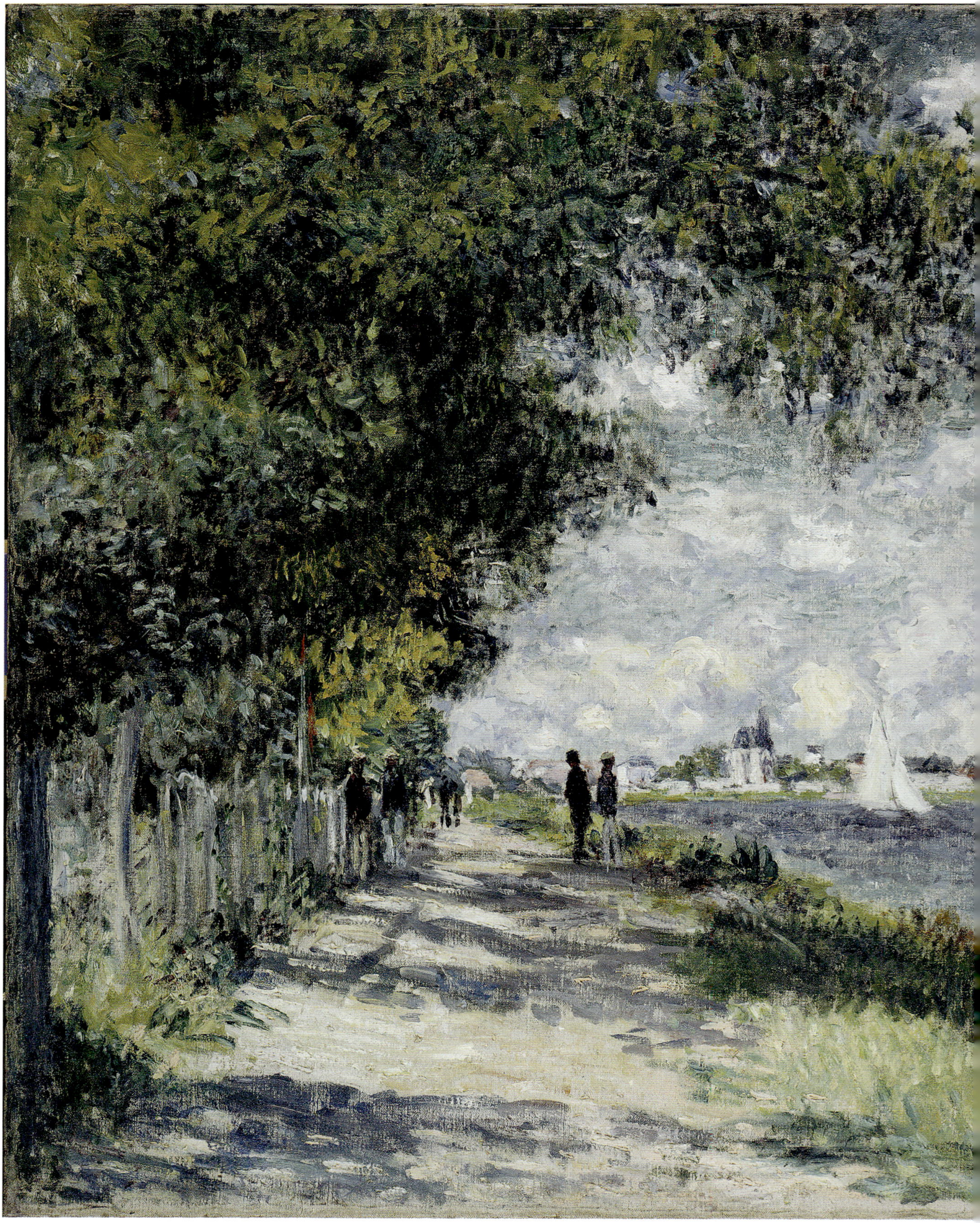

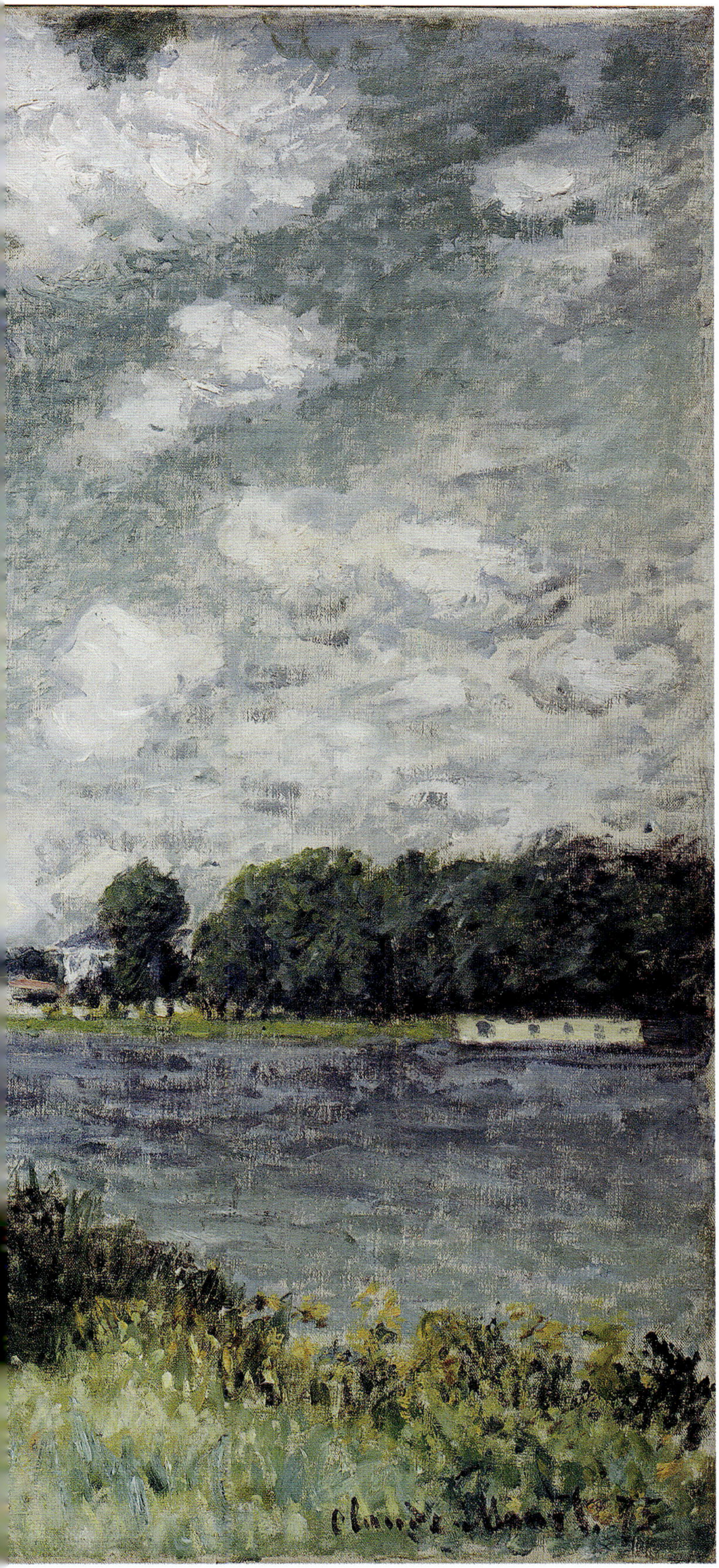

DIE SEINE BEI ARGENTEUIL

Dies wird klarer bei der Betrachtung des Bildes „Die Seine bei Argenteuil". Betrachten Sie z.B. diese teils verschatteten, teils beleuchteten Blätter des Baumes links. Wir wissen, die Blätter haben – bei gleicher Beleuchtung – dieselbe Farbe. Wir verbinden aber mit dem Eindruck dieser Blätter hier das Urteil: verschiedene Farben. Wir geben sozusagen der Sonne die Schuld dafür. Die Sonne scheint nun aber ganz und gar nicht in dieses Bild hinein, sondern der Maler muss andersherum malen. Er muss die Farben nebeneinander malen und dann muss es nachher so aussehen, als ob die Sonne scheine. Diese Perfektion, sich nun anzupassen an die Lichtsituation, an die Umfärbung bestimmter Gegenstandsfarben durch Sonne und Schatten, das nun ins Bild zu zwingen, um damit auch die Lichtweltsituationen, das lebendige Jetzt zu zeigen, das war das Ziel. Da gehen wir gerade noch etwas weiter, dazu gehört noch ein anderes Thema.

12 | Claude Monet
Die Seine bei Argenteuil, 1867

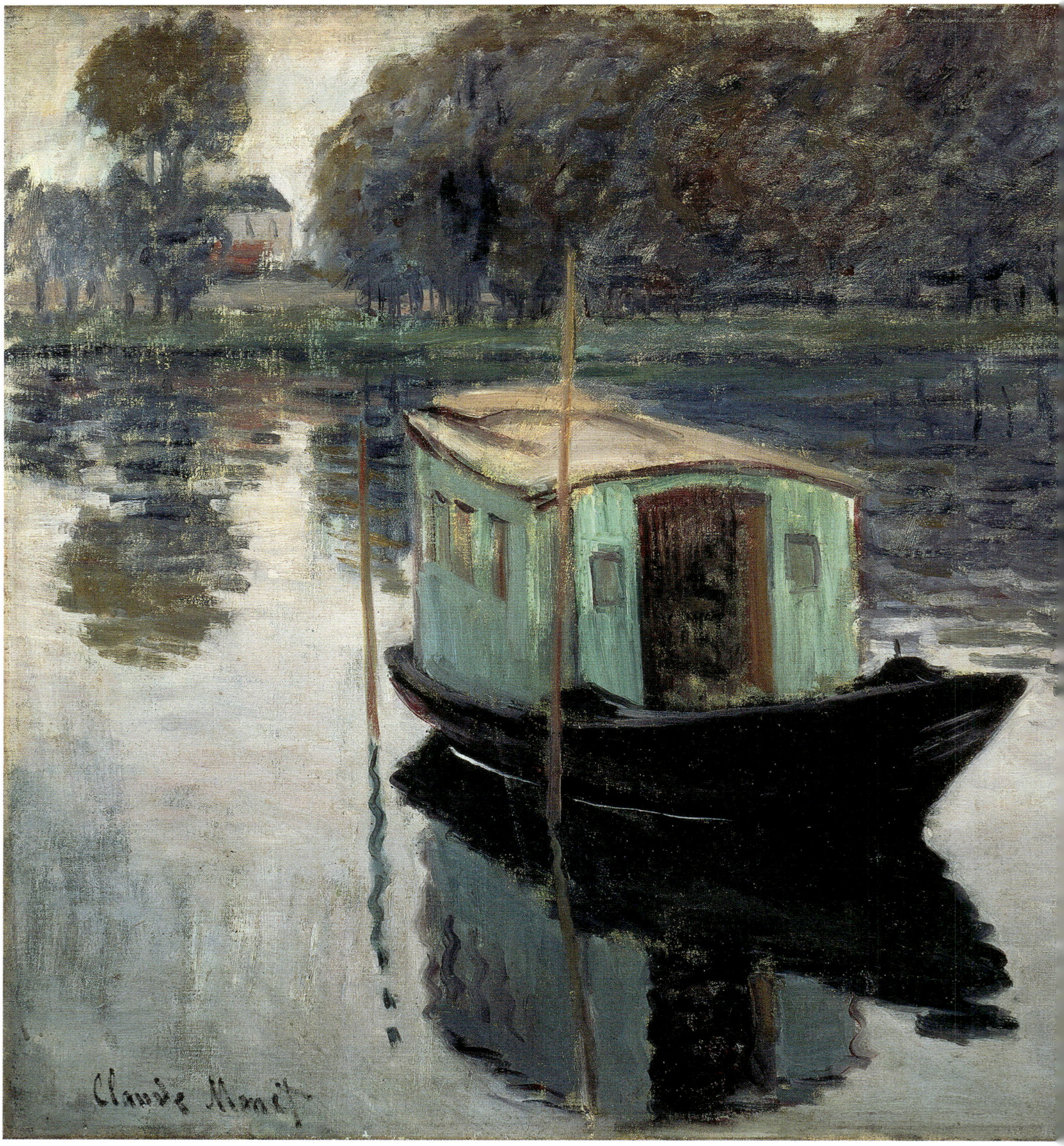
Claude Monet

DAS ATELIERBOOT

Das ist das Atelierboot, das sich Monet gekauft und ausgebaut hat. In diesem Boot hat er gesessen und gemalt. Ich nehme dieses Bild mit auf, weil hier ein wichtiges Thema aufkommt, nämlich das Bild und das Spiegelbild. Das ist ein wichtiges Thema für Monet insofern, als dieses Spiegelbild nur jetzt gerade so sein kann, da es ständig schwappt.

Sie kennen das, wenn man auf eine leicht bewegte Wasseroberfläche blickt, dass dann alles tanzt. Es ist also eine starke Bewegung. Diese starke Bewegung wird nur fassbar durch das Lichtspiel auf der Wasseroberfläche und am Zerbrechen der Primärformen, wie man sie kennt.

Wenn das Schiff selber so aussähe, dann wäre das halb so witzig, denn wie sähe dann das Spiegelbild wieder aus? Sicherlich noch fester. Aber achten Sie auf den Kontrast zwischen etwas, das man als fertige Gegenstandsform begreift, und der gebrochenen, bewegten Form. Das ist ein interessanter Übergang, in dem der Gegenstand selbst im Bild ist und zugleich gespiegelt wird. Als Gegenstand bezeichnet man das, was man malt, also ist das Hausboot ein Gegenstand. Doch hier wird zum Gegenstand gemacht, wie ein Gegenstand selber gespiegelt wird, dann wird das Spiegelbild wieder Bild und wieder Bildgegenstand – das ist ein bisschen kompliziert, wenn man es ausspricht, aber Sie sehen es ja. Und wenn Sie jetzt die Bildfläche mal prozentual durchchecken, dann ist mehr Spiegelbild als Bild gemalt. Ausgehend vom Motiv ist davon auszugehen, dass er mit Sicherheit darauf zielt, etwas ins Bild zu holen, was von sich aus schon Bildcharakter hat. Und zwar Bildcharakter in dem Sinne, dass es flüchtig ist, momentan, nur jetzt so, und im nächsten kleinen Moment wieder anders. Denn dann springt diese Spitze des Bootes wieder ganz ab oder klebt wieder dran. Sie kennen das ja, wenn Sie am Schwimmbadrand sitzen, und sich ein bisschen sonnen, wenn vielleicht noch ein Rest von Bewusstsein da ist, dann können Sie mal beobachten, wie die Geländer vom Swimmingpool abbrechen. Das ist ein wunderbares Spiel, das hier gezeigt wird. Situational, jetzt. Und das hatte Monet nun weiter gesteigert.

13 | Claude Monet, **Das Atelierboot,** 1874

STURM AN DER KÜSTE VON BELLE-ILE

Hier zum Beispiel sieht man das Spiel des Wassers an einer Felsküste, „Sturm an der Küste von Belle-Ile“, die er immer wieder gemalt hat. Wie das Wasser aufschäumt an festen Klippen und wie nun die festen Klippen eigentlich die einzigen deutlichen Konturen innerhalb dieses Bildes sind, und wie nun völlig frei ein Spiel flüchtiger Pinselbewegungen das Auge in Bewegung bringt. Und wie dann tatsächlich eintritt, worauf zuvor schon hingewiesen wurde: der Bildeindruck. Da verbindet es sich. Die Zufälligkeit, die Flüchtigkeit des Motivs überträgt sich auf die Flüchtigkeit der Malweise. Das, was wie zufällig mit dem Pinsel gemacht wirkt, ist ein höchst kalkulierter Zufall; und dann kommt es dazu, dass dieses Motiv sich selbst aufzulösen beginnt, keine festen Konturen mehr hat.

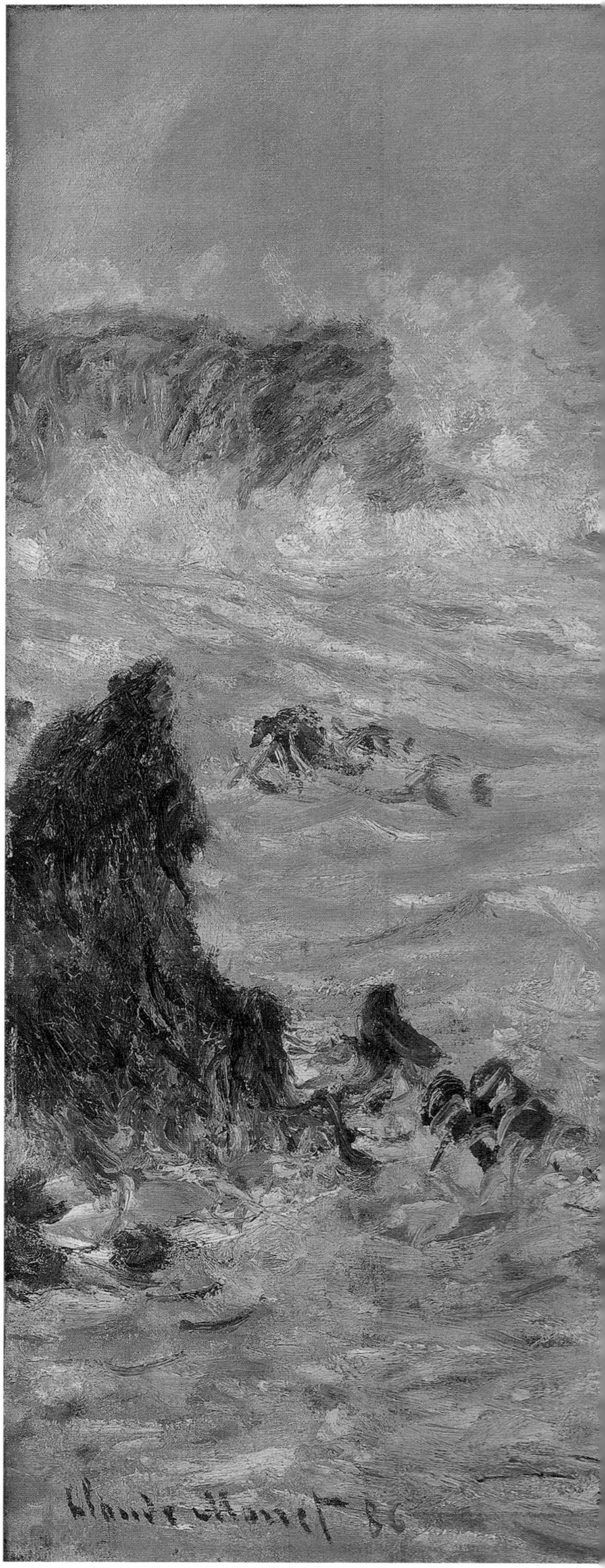

14 | Claude Monet
Sturm an der Küste von Belle-Ile, 1886

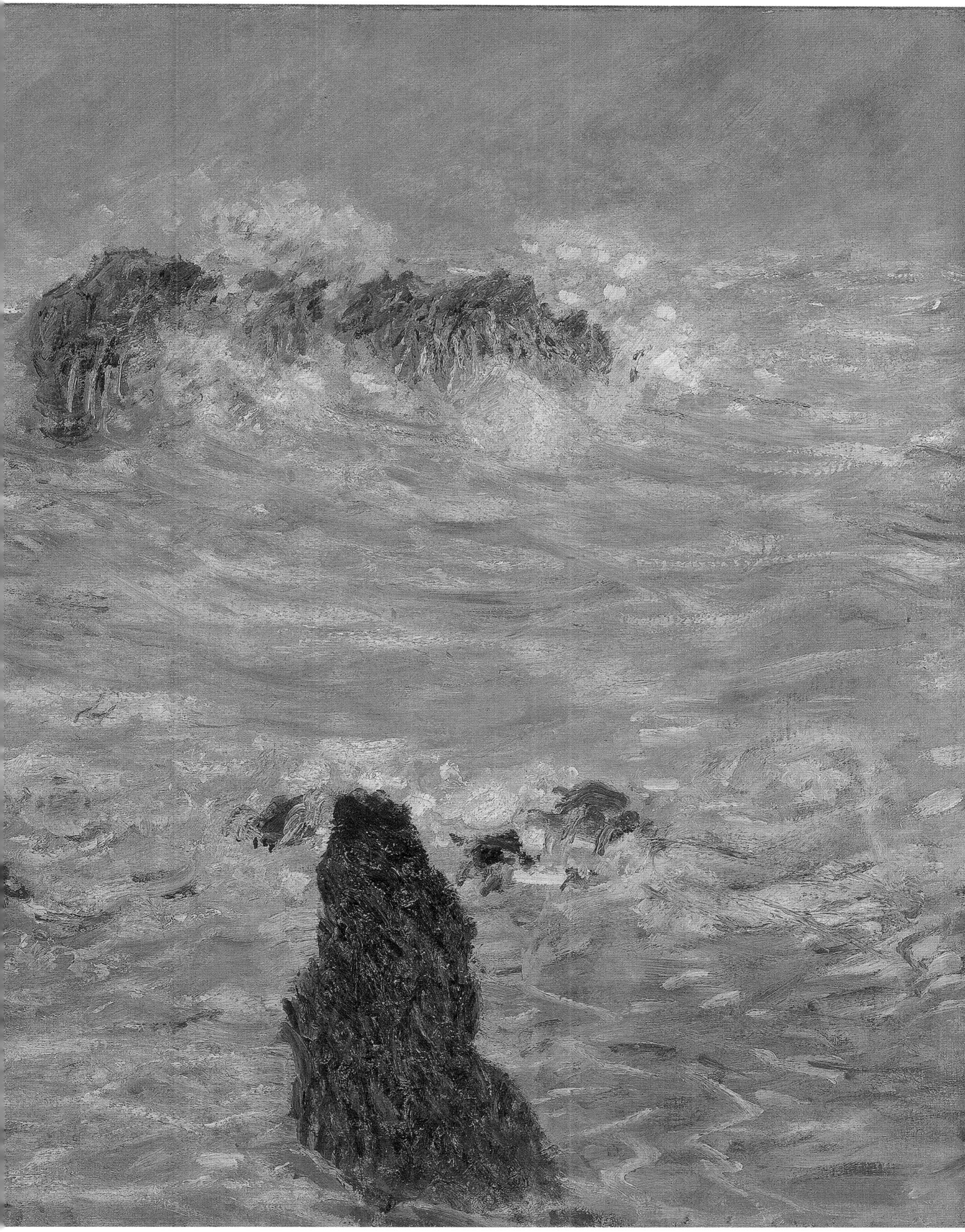

DIE WATERLOO-BRÜCKE IM DUNST

Hier noch das bekannte Bild der „Waterloo-Brücke“, die Monet wiederholt gemalt hat. Hier wird sie im Nebel dargestellt, wo Atmosphäre und durchlichtete Trübe zum Thema werden. Es geht hier nicht mehr um das Ding, die Brücke, sondern darum, wie das Ding erscheint.

Diese Wendung führt zu einer Entdeckung: Hier wird die Natur aufgesucht, wo sie selbst erscheinungshaft, wo sie von sich aus bildhaft ist als Natur. Das schlägt jetzt plötzlich um zu einer grandiosen Entdeckung, das führt nämlich auf die Eigenwertigkeit der Bildwirkungen, dort, wo das Bild selbst Natur ist. Gerade wenn Sie das mit dem Bild von Gustave Caillebotte vergleichen, wird dieser Unterschied deutlich.

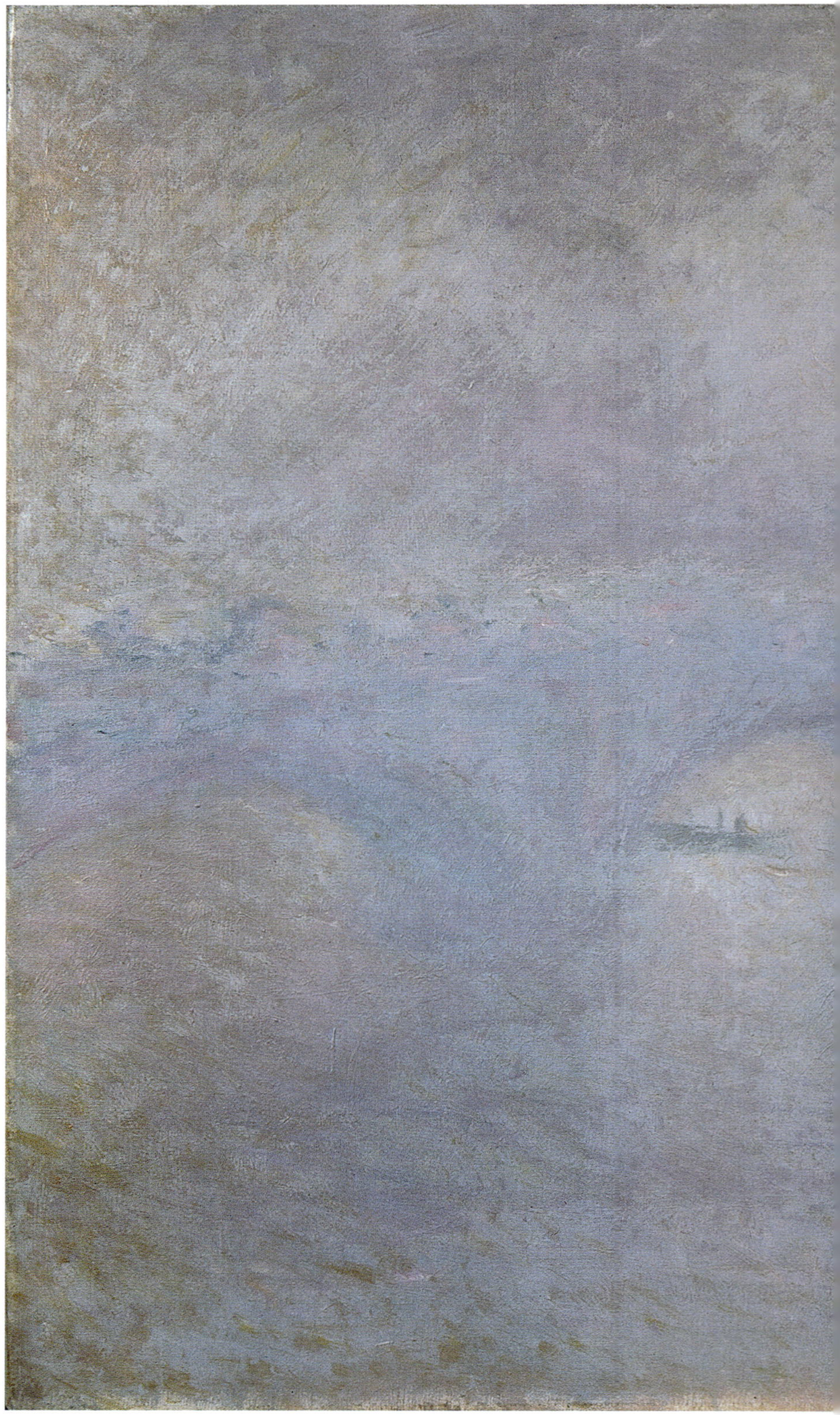

15 | Claude Monet,
Die Waterloo-Brücke im Dunst, 1903

Claude Monet 1903

BLAU UND GELB – EIN SELBSTVERSUCH

Ich lade Sie nun ein, einen kleinen Versuch zu machen. Wenn Sie die beiden Farbfelder betrachten, dann sehen Sie Blau und Gelb. Sie werden nun denken: „Ja gut, das sind eben Blau und Gelb und wir wissen auch, dass, wenn wir diese Farben zusammen malen, Grün entsteht.“ Das ist bekannt. Nun haben aber Farben eine Eigenschaft. Auch im Bild ist Farbe bloß Farbe. Stellen Sie sich vor, Sie haben ein blaues Hemd an. Wenn ich Ihnen das Blau stehlen wollte, dann müsste ich Ihnen das Hemd mit stehlen. Wenn einer im Bild mit einer blauen Jacke gemalt ist, kann ich die Jacke nicht stehlen, aber das Blau wegmachen. Dann ist auch die Jacke weg.

Ich möchte damit sagen, dass selbst im Bild die Farbe zunächst nur als Natur auftritt. Dem Auge ist es völlig egal, ob es außen, in der realen Welt oder im Bild Blau sieht. Nun, dem Geist vielleicht nicht ganz. Wenn Blau und Gelb in einem Bild verbunden wären, dann hätte ich nichts anderes als Naturwirkung im Bild. Und jedes gemalte Bild arbeitet mit nichts anderem als mit Naturwirkungen. Nun verhalten sich aber auch die Farben schon in der Natur nie so, dass man dem Wahn unterliegen kann, Blau sei Blau. Ich bitte Sie nun, dieses kleine Spielchen zu machen: Bitte sehen Sie unverwandt eine Zeitlang auf die gelbe Fläche.

Sie müssen ein bisschen einen intensivierten „Kuhblick“ machen. Nach einiger Zeit schauen sie schnell rüber auf das blaue Farbfeld.

Haben Sie etwas bemerkt? Es kann eintreten, dass man bei diesem schnellen Wechsel entweder die Mischung erlebt und plötzlich zu einer Farbkombination vordringt oder dass man plötzlich gar nichts mehr sieht, weil sich die sogenannten Gegenfarben in den Vordergrund drängen. Farbe wirkt in der Natur, in der sensuellen, optischen Erscheinung, sodass sie sich verwandelt. Das Blau provoziert in uns ein Gegenbild, und wenn das ein bisschen Rotblau ist, dann geht das auf Gelb hin, Reinblau würde auf Blau hingehen. Das wird Komplementärfarbe genannt. Reingelb würde auf Violett zugehen, dieses sehr stark rothaltige Gelb auf ein Grünblau. Es steckt also in jeder Farbe die Provokation, die Gegenfarbe im Auge zu erzeugen. Und wenn das im schnellen Wechsel geschieht, dann gibt es Zwischenfarben, die zum einen wie eine Mischung aussehen und zum anderen auch die ganze Atmosphäre mit umfärben. Vielleicht ahnen Sie schon, dass diese Ausführungen eine Vorbereitung waren.

FELDER IM FRÜHLING

Betrachten wir nun die bekannten „Felder im Frühling“. Hier sehen Sie das ganze Bild übersät mit Tupfen. Wenn Sie mal nicht beachten, dass das typisch Impressionismus ist, dann kann man hier eine ziemlich große Gliederung beobachten. Da sind nicht nur Tupfen, sondern auch eine gelbe Fläche, die ins Rotgelbe, ins Orangegelbe übergeht und ein Blassblau im mittleren Hintergrund, das zum Teil vertieft wird. Und dann noch der Himmel, den können Sie auch als Farbfläche weiß durchsetzten Blaues sehen. In der rechten Bildhälfte: drei Akzente, mehr oder weniger senkrechte Bäume. In der Mitte der unteren Bildhälfte eine aus Blau, Grün, Weiß, Gelb und einem Tupfer Rot zusammen gewebte Gestalt mit Hut und Sonnenschirm. Links davon in der Wiese eine gerade noch zu erahnende, undeutlich herausgestellte Gestalt. Vielleicht ein Kind, das Blumen pflückt? Einzelne Tupfen könnten gegenständlich noch als zahllose Blüten einer Wiese, einzelne hier als Blätter am Baum interpretiert werden, doch das geht darüber hinaus. Das wird nie und nimmer eine geschlossene Wiese. Ich habe es hier mit Gelb, Blau und mit Tupfen zu tun. Und nun, wie benimmt sich nun anständiges Laub am Baum? Ein anständiges Blatt am Baum ist einfach grün. Wenn Sie hier nun dieses Blätterspiel betrachten, sehen Sie, dass diese Blätter nicht einmal mit dem Baum verbun-

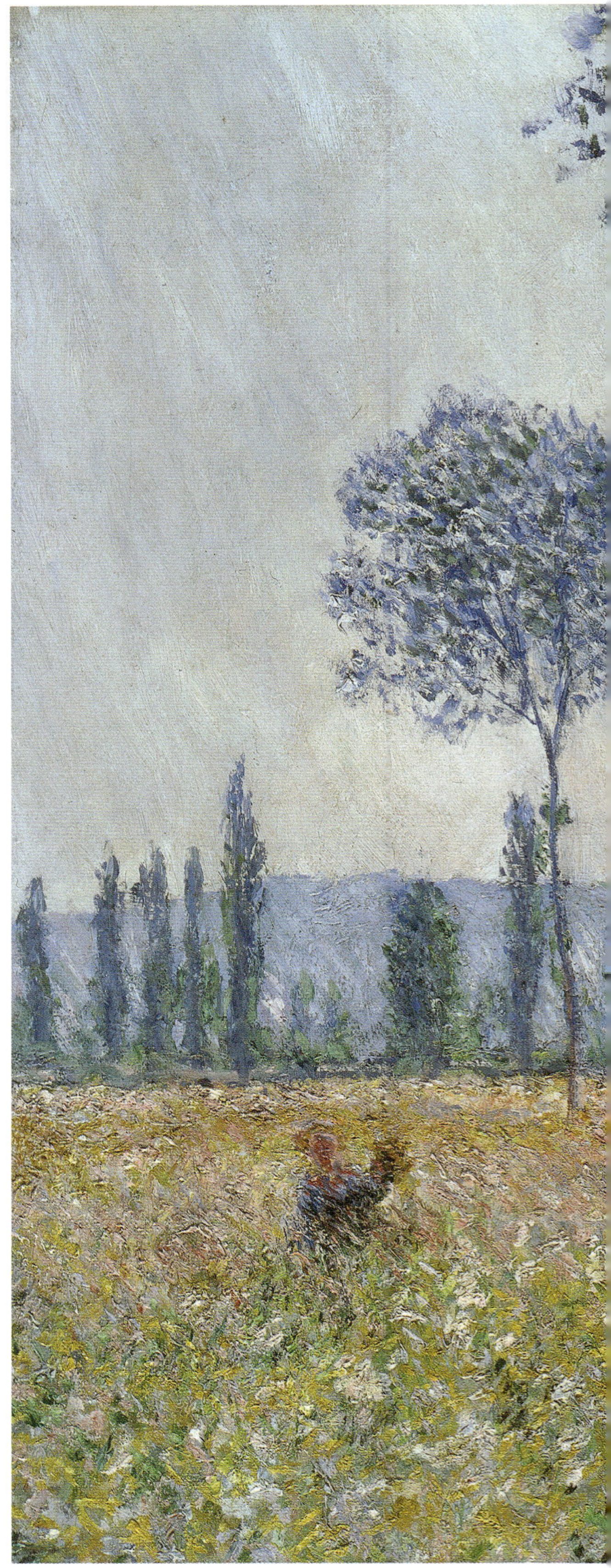

16 | Claude Monet, **Felder im Frühling**, 1887

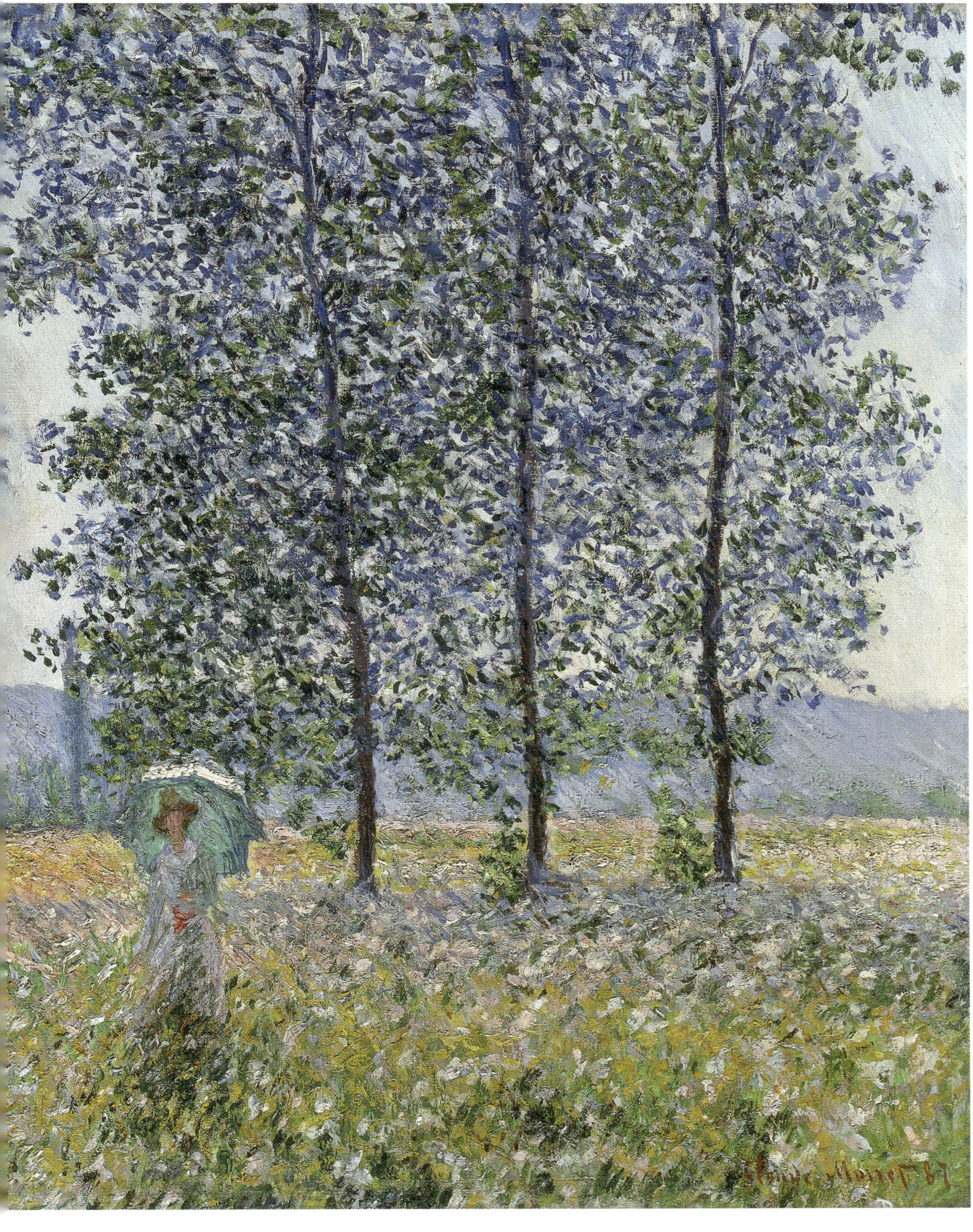

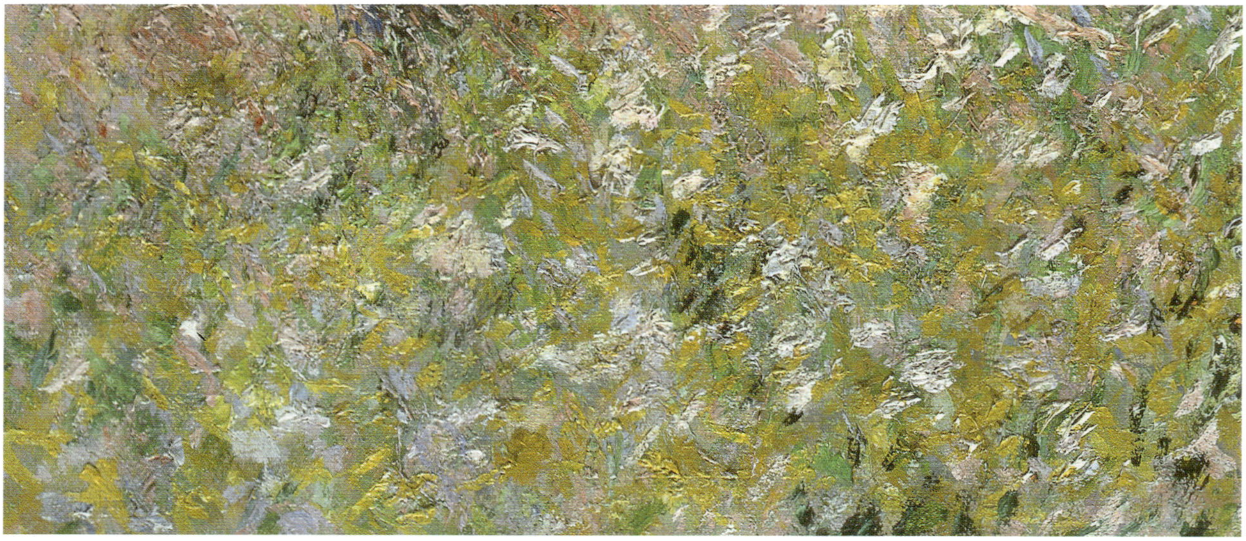

den sind, dabei braucht jedes Blatt eine Verbindung zum Baum, um an ihm dranzubleiben. Das muss ja technisch und organisch irgendwie gelöst sein: wenn Blatt, dann muss es am Baum dran sein. Hier sehen Sie nun lauter Elemente, die gar nicht mit dem Baum zusammengeführt sind; für einen realen Baum wäre das ganz unmöglich. Aber anschaulich bemerken Sie hier blaue Flecken, bemerken Sie hier gelbe Flecken, und, im Vergleich, ganz wenig echt grüne Flecken.

Nun kann man noch folgende Beobachtung dazu bringen: Setzen Sie mal Ihren Blick am unteren Ende der Bäume an und versuchen Sie eine Richtung einzuschlagen. Wohin werden Sie geführt? Ich könnte auch weiter oben ansetzen und sagen: „Gucken Sie irgendwohin." Zunächst sind dort diese senkrechten Baumstämme. Für das Auge sind das Provokationen, sich mit dem Blick nach unten oder oben zu bewegen. Wenn Sie tun, was diese Bildelemente anregen, nämlich mit dem Blick durch die unruhige Landschaft zu streichen und den Blick von oben nach unten und umgekehrt bewegen, dann sieht man im Streifblick den Wechsel von Blau und Gelb, die ineinander verschmelzen. Nach einiger Zeit macht man eine interessante Erfahrung: wie nämlich das Blau und das Gelb – es gibt keine blauen Blätter und keine gelben Blätter in der Natur – sich jetzt hier zusammenfügen zu einem Element der Grünerfahrung, die nicht durch grüne Dinge eingeleitet wird, sondern dadurch, dass Blau und Gelb ineinander wirken und sich im Prozess des Vorbeistreifens des Blickes anfangen zu vermischen. Sie können das beobachten, wenn Sie nun die Bahnen verlassen und auch mal mit dem Blick irgendwie wild durch das Bild gehen.

Sie können auch durch eine Handbewegung charakterisieren, wie sich das im Auge anfühlt, wenn man mit dem Blick durchstreift. Stören Sie mal mit der Hand vor dem Gesicht ihren Blick, indem sie die Hand mit gespreizten Fingern vor dem Gesicht hin und her bewegen. Da bewegt sich das eine ins andere. Das, was wir beim Gegenfarbexperiment versucht haben, das kommt insgesamt nicht mehr zum einzelnen Eindruck, weil es so vielfältig ist, dass es ständig und gleichzeitig passiert und doch auch hintereinander. Dieses kombiniert sich nun mit allen anderen Bildwerten, und wenn man nun von Zone zu Zone wechselt, dann nehmen Sie eine Gegenfarbentendenz wahr und schieben sie auf die nächste Zone und so weiter. Nun färbt sich das ganze Bild ständig um. Wenn Sie

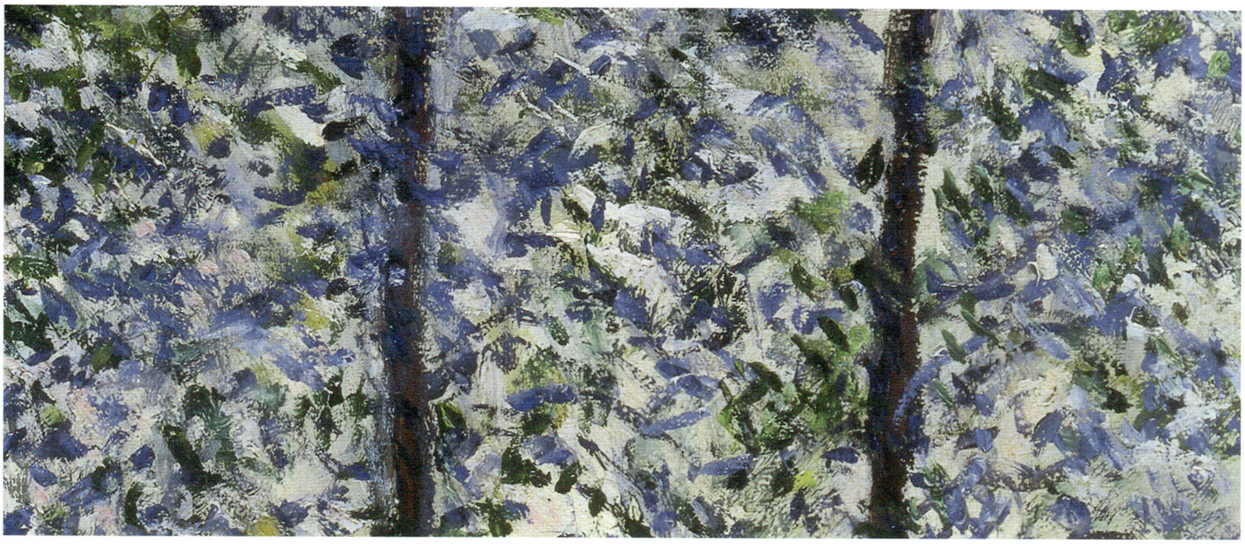

Felder im Frühling, Details

vor dem Original stehen und es fertig bringen, zehn Sekunden auf das Bild zu träumen, dann nimmt es eine andere Färbung an, dann wird es zum Beispiel gelber und goldener.

Wenn man dann eine kleine Augenbewegung macht, kann es sein, dass es plötzlich in die Gegenfarbe umschlägt und blauer und kühler wird. Es fängt also an, sich ständig in dieser Polarität von Gelb und Blau zu bewegen. Man kommt plötzlich zu dem Eindruck, man habe ein naturhaftes Geschehen unmittelbar vor Augen. Nicht nur ausgelöst durch das Wissen von einer Flussaue dort, die natürlich hier gar nicht sein kann, denn hier ist genauso wenig Flussaue wie bei Caillebotte eiserne Brücke ist. Aber die Natur der Farbe selbst provoziert im Anschauen einen Prozess, einen Vorgang, der dem Prozess entspricht, der in der Flussaue Natur ist: das Flirren der Luft, das ständige Wandeln der Farbwerte, das Hindurchgehen des Auges durch diese Landschaft, die Konzentration auf die Figuren.

Wir sehen also den Maler an einer Stelle, wo er das Bild malt, wo die Natur im Bilde, die Natur der Farben plötzlich in einer unglaublichen malerischen Genialität den Naturprozess zu einer realen Erfahrung im Bilde macht. Und dadurch entsteht eine Erfahrung von Präsenz, die durch das scheinhafte Wiedergeben eines Abbildes gar nicht erreicht werden kann. Der Maler überbietet sozusagen die Präsenz durch eine Wirklichkeitserfahrung am Bild. Dort, wo das Bild selbst Natur ist, und nicht dort, wo die Natur Bild ist.

Das ist nun auch das Wichtige, dass wir unsere Schublade mit dem Namen Impressionismus mal wieder etwas öffnen. Man sagt das so schnell: Impressionismus, Expressionismus, Fauvismus, Kubismus, -ismus, -ismus. Wenn man genauer hinsieht, dann sagt das ja gar nichts. Hier hätten wir einen Impressionismus in dem Sinne, dass ein Eindruck erweckt wird durch die Naturwirkung der Farbe im Bild. Und nicht nur der sensualistische Widerschein, denn es ist ja nicht so, dass sich das hier zu einer festen Illusion zusammenfügt, sondern dass diese Art des inachevé, des Unfertig-Gemalten und diese pünktelnde Malweise einen Prozess anregt, der den Betrachter in die Richtung einer solchen Erfahrung selbst bewegt.

DIE THEMSE BEI WESTM NSTER

Wir sollten nicht vergessen, dass wir beim Anblick einer Farbe nicht nur einen optischen Reiz erfahren, sondern dieselbe immer auch eine Eigenwirkung mit sich bringt. Dazu zwei Beispiele. Hier sehen Sie ein frühes Bild der Westminster Abbey. Monet hat sich gerne mit dem Themseufer, der berühmten Abtei von Westminster und dem Parlamentsgebäude befasst und diesselben öfters dargestellt.

Hier gewinnen wir einen Eindruck, einen Blick für das unglaublich feine Eingehen Monets auf die Situationalität der Beleuchtung. Die Farbe gibt hier nicht nur die Farbe des Himmels wieder, sondern vermittelt durch ihre Eigenwirkung einen Eindruck der Atmosphäre.

17 | Claude Monet
Die Themse be Westminster, um 1871

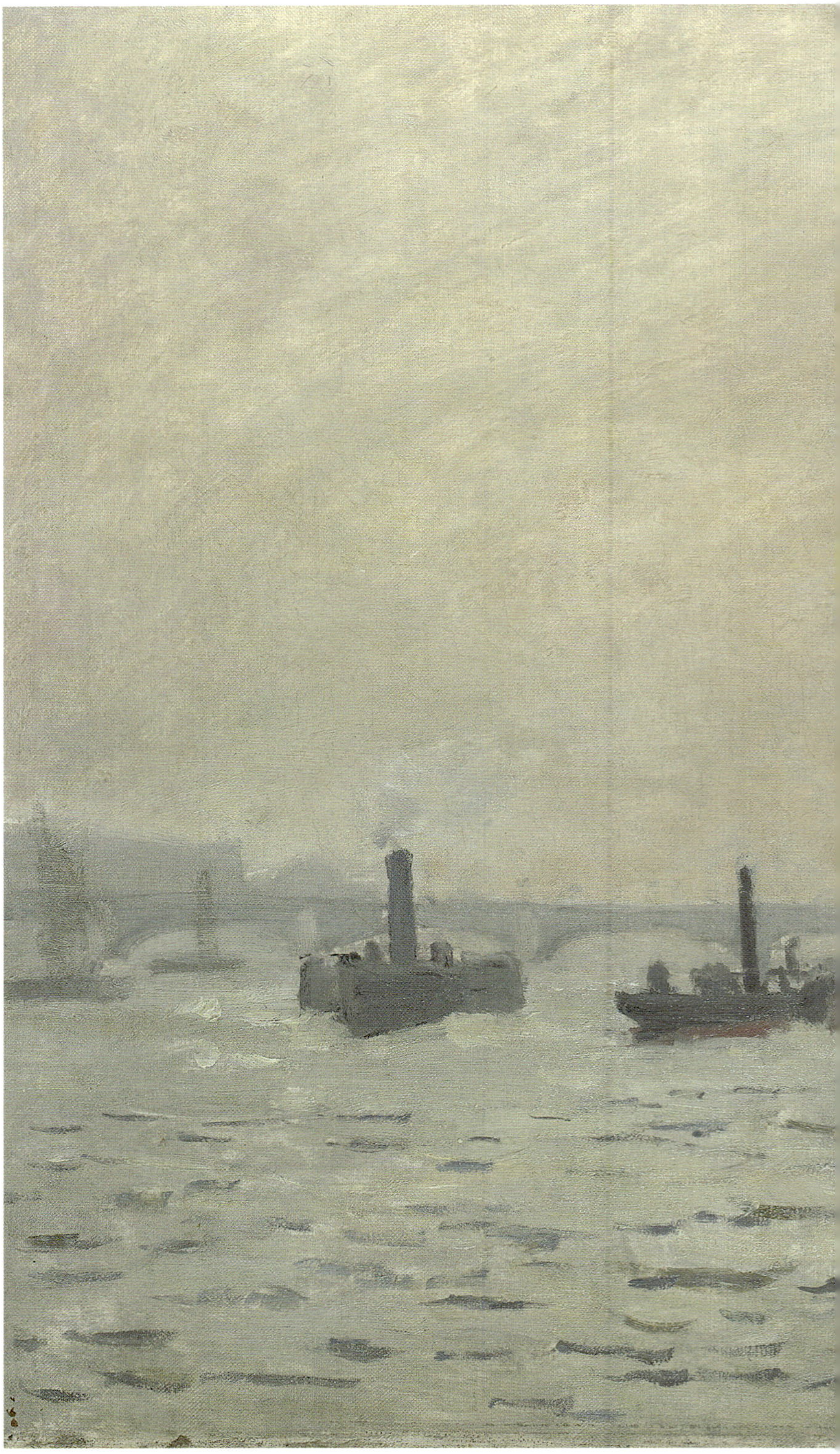

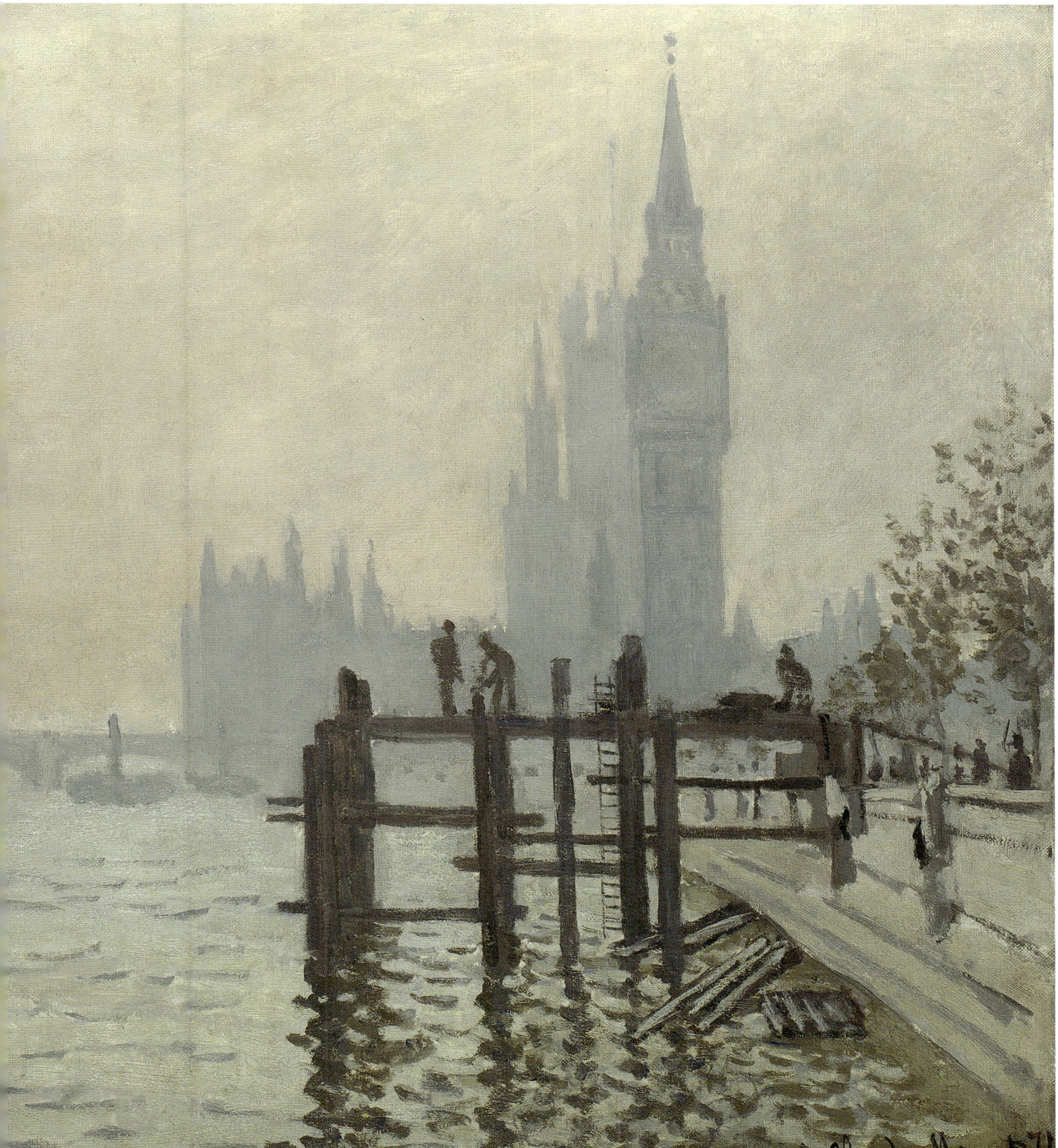
Claude Monet 71

„Ich möchte die Atmosphäre malen,
in der die Brücke, das Haus,
das Boot sich befinden.
Die Schönheit der Stimmung,
in der sie sind, und das ist nichts anderes
als das Unmögliche.
Oh, wenn ich mich doch
mit dem Möglichen
zufriedengeben könnte!“ [12]

LONDON, DAS PARLAMENT. DIE SONNE BRICHT DURCH DEN NEBEL

Hier sehen Sie, wie sich das im Spätwerk vollkommen umwendet und es ganz deutlich wird: Da ist nicht nur Mimesis der Farbe in Bezug auf Atmosphäre, sondern Stimmungshaftes, wie beispielsweise dieses Aufglühen in den Gegenfarben Orange und Blau. Sehen Sie, wie sich das gegenseitig bedingt, sich gegenseitig steigert! Dies geschieht auch dadurch, dass mehr als nur der optische Reiz, auf den man den Impressionismus gerne reduzieren möchte, gegeben wird. Hier spricht etwas, was emotional-stimmungshaft aus der Farbe für das Auge als eigene Wirklichkeit wahrgenommen werden kann.

18 | Claude Monet
London, das Parlament. Die Sonne bricht durch den Nebel, 1904

12 Hermann Bang, Tagebuch, zit. n. Marianne Alphant, Claude Monet en Norvège, Paris 1994, S. 52

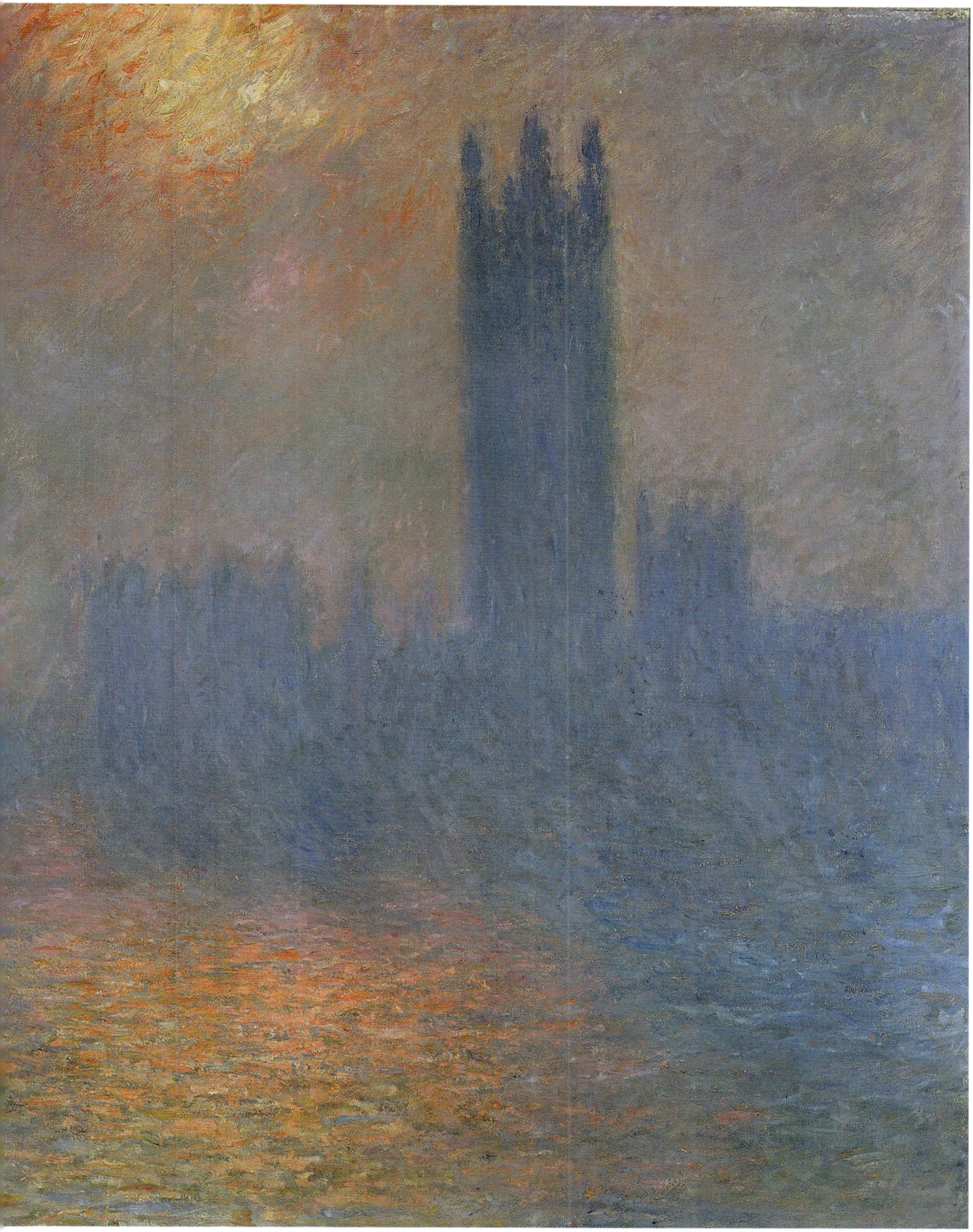

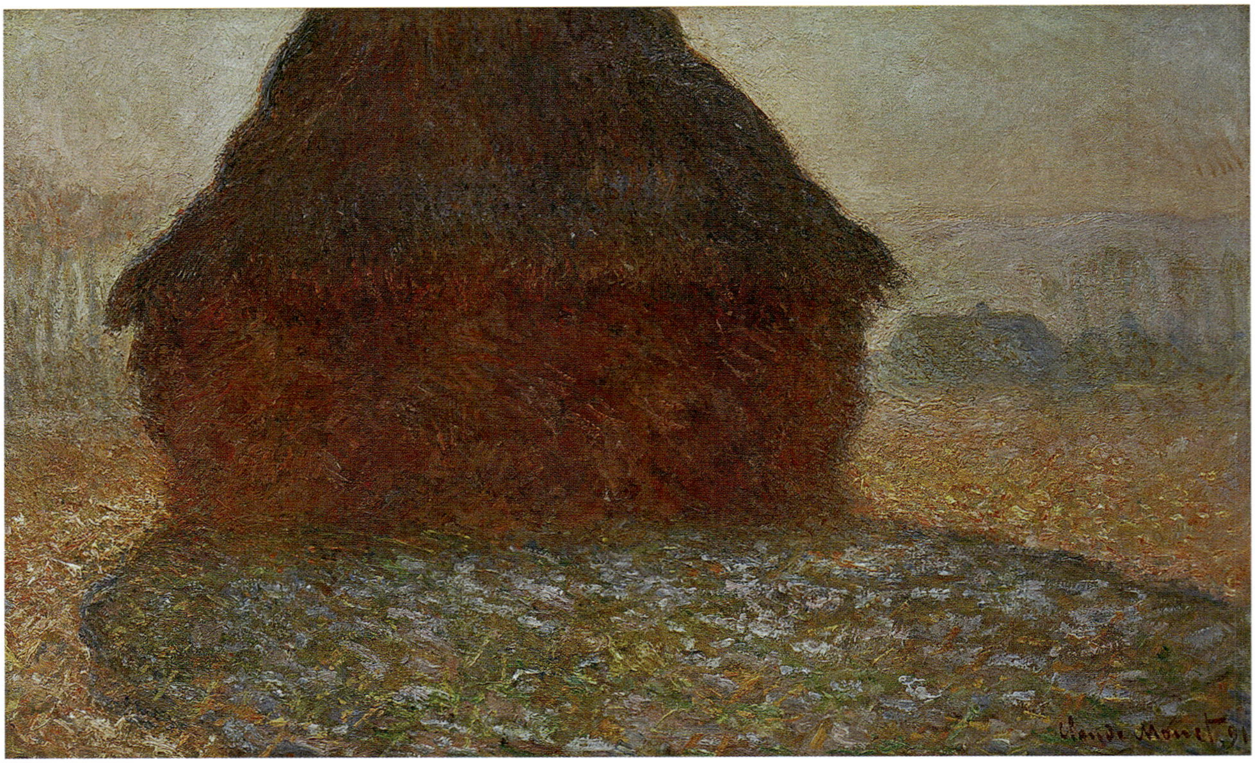

19 | Claude Monet, **Heuhaufen im Sonnenlicht**, 1891

ZUM SPÄTWERK

Nächste Doppelseite:

20 | Claude Monet
Heuhaufen, Sonne und Nebel, 1891

Das führt zu den grandiosen Bildern, die nun entstanden sind als eine Reihe: Der berühmte Heuhaufen (*nächste Doppelseite*). Monet hat immer wieder solche Szenen gemalt, in denen er nun an einem ganz belanglosen Gegenstand dieses Spiel der Farbe studiert hat unter verschiedenen Beleuchtungen. Dasselbe Motiv zu einer anderen Tageszeit. So hat er im Wechsel der Beleuchtung etwas eingefangen, es sind ganze Serien entstanden. Sie wissen, dass Kandinsky, als er zum ersten Mal den Heuhaufen von Monet sah, in Tränen ausgebrochen ist. Er war so berührt, weil er gar nicht erkannt hatte, was das war. Er war vielmehr von den Farben, von der Entdeckung dieser Farben so fasziniert, dass die Eigenwirklichkeit der Farben in dem Bild stärker geworden ist als ihr Informationswert auf Gegenständlichkeit hin.[13]

13 „Und plötzlich zum ersten Mal sah ich ein Bild. Dass das ein Heuhaufen war, belehrte mich der Katalog. Erkennen konnte ich ihn nicht. Dieses Nichterkennen war mir peinlich. [...] Was mir aber vollkommen klar war – das war die ungeahnte, früher mir verborgene Kraft der Palette, die über alle meine Träume hinausging. Die Malerei bekam eine märchenhafte Kraft und Pracht." Wassily Kandinsky, Rückblicke, Berlin 1913, S. 14.

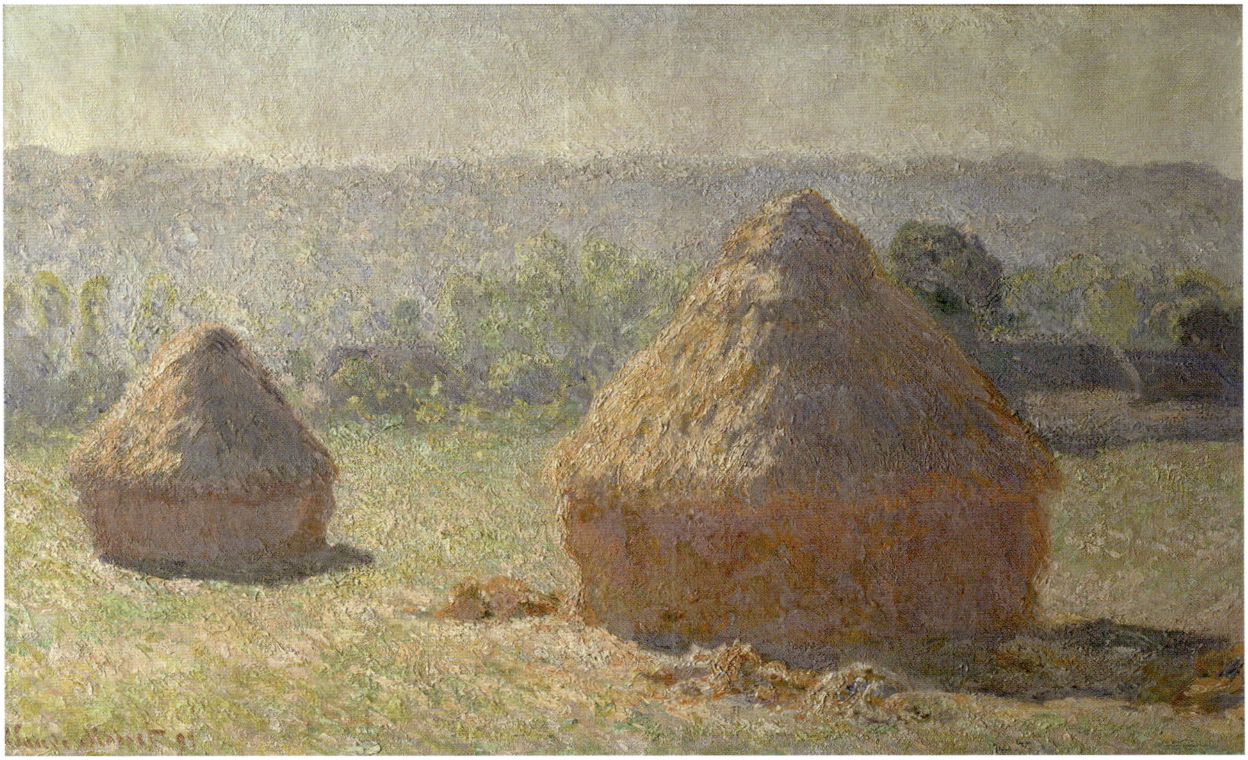

21 | Claude Monet, **Heuhaufen, Spätsommer in Giverny,** 1891

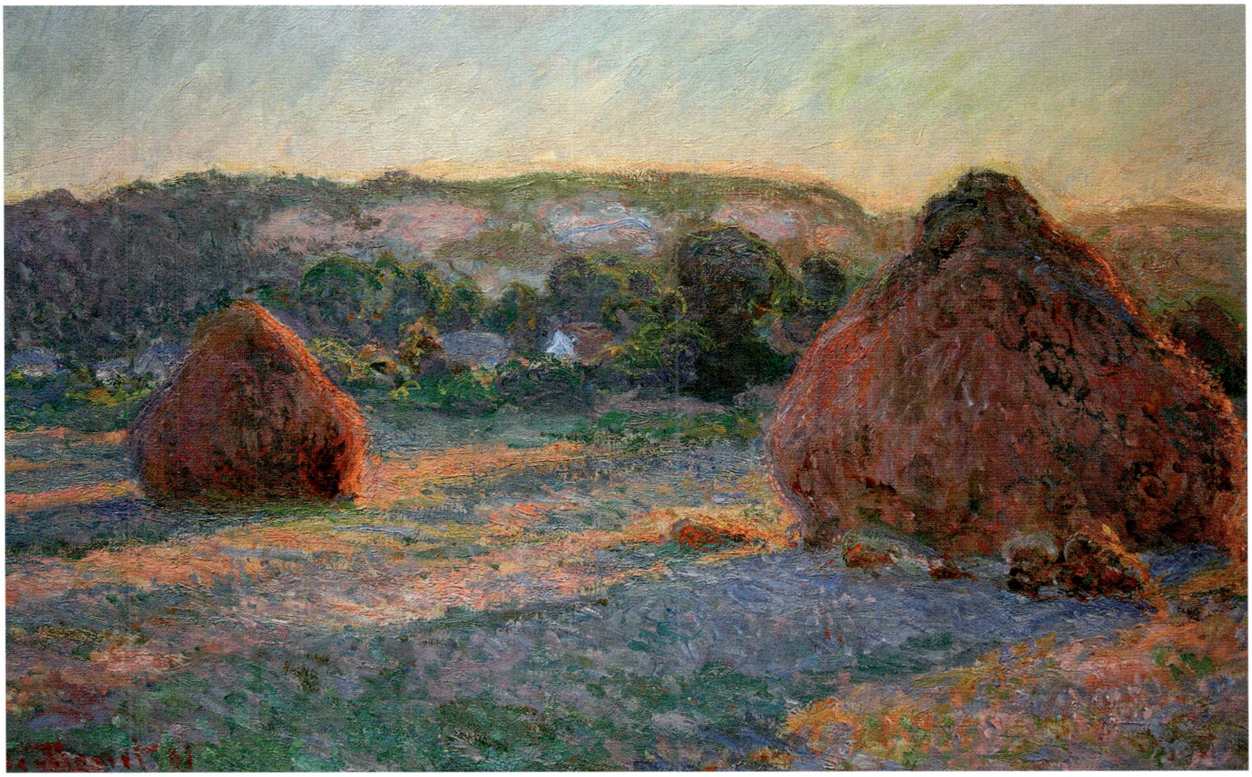

22 | Claude Monet, **Heuhaufen im Herbst bei untergehender Sonne,** 1891

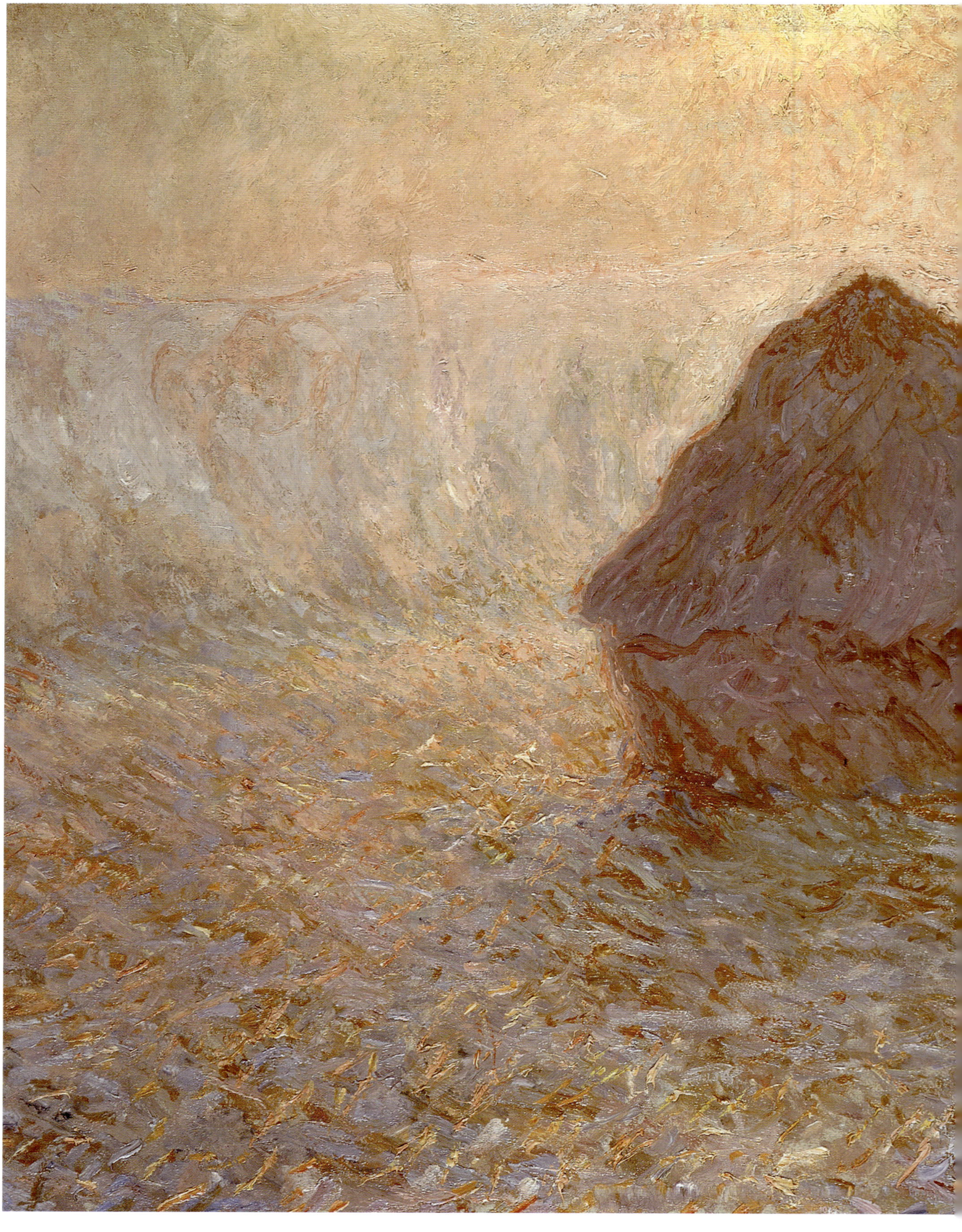

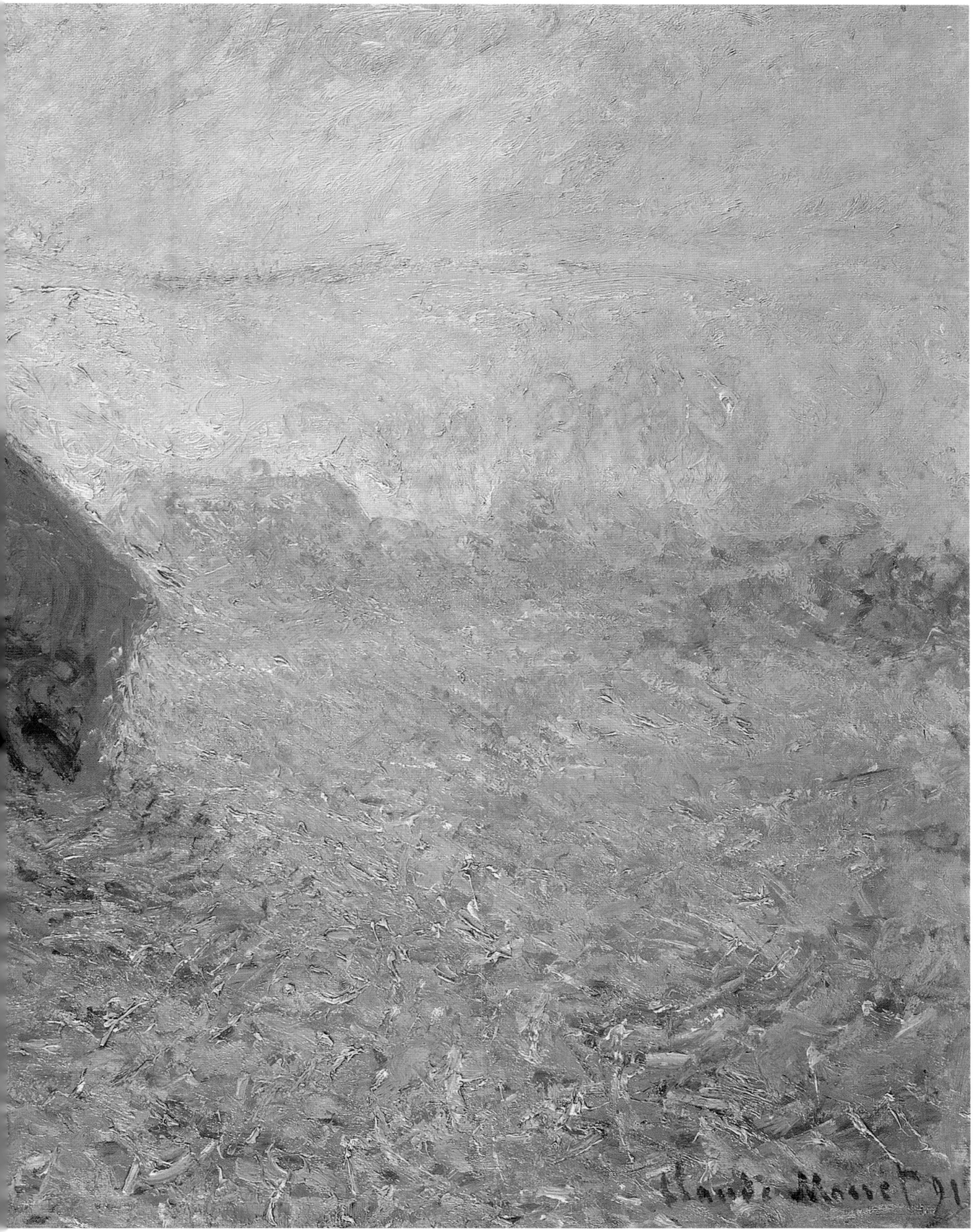

DIE KATHEDRALE VON ROUEN

So kommt es auch zu der unglaublich wichtigen Reihe: „Die Kathedrale von Rouen“. Dasselbe Motiv immer wieder anders. Es kommt zu einer ganz eigenen Kunstform, nämlich zur Kunstform der Serie.

Die Wirklichkeit wird hier nicht nur durch ein Bild festgehalten. Der Zeitprozess, der Wandel des Lichtes an einer solchen Fassade erschöpft sich nicht in der Feststellung: „Aha, jetzt ist es acht Uhr und jetzt ist es Nachmittags”, sondern es entsteht etwas Neues, wenn wir es in der Folge betrachten.

Weil wir ja ein bisschen mit Gedächtnis begabt sind, können wir sehen, dass das anders ist. Woran sehen Sie denn, dass das anders ist? An der Farbe. Aber auch nur mit Hilfe Ihrer Erinnerung. Denn wenn sie zu dem Urteil kommen, dass das anders ist, dann heißt das, dass Sie das erste Bild nicht vergessen haben. Das ist ja mal wieder ganz schlau. Was entsteht? Das einzelne Bild provoziert den Betrachter, innerlich ein Kontinuum herzustellen. Was hier als einzelnes Bild gezeigt wird, wird in einer Folge betrachtet, es wird zu einem Teil eines Prozesses.

Das ist so wie mit dem inneren Gesetz der Musik. Sie könnten nicht mal „Hänschen klein” singen, wenn Sie den ersten Ton vergessen würden. Sie würden nicht mal hören, ob Sie nach oben oder nach unten singen. Man muss gerade bei einer Melodie immer wieder Zurückhören und wenn es nach unten geht, dann muss man wissen, dass man gerade oben war. Sonst weiß man ja nicht, dass es nach unten geht. So ähnlich wie in der Melodie aus dem einzelnen jetzt klingenden Ton das Kontinuum des musikalischen Prozesses innerlich erfasst wird als sinnvolle Ganzheit, so provoziert jetzt Monet durch solche Einzelbilder über das einzelne Bild hinaus die Anregung, einen zeithaften Prozess zu erfassen. Dieser Prozess kann in dem Einzelbild nicht sein, weil das Bild sich nicht wandelt. Es trägt aber dazu bei, in seiner ganzen Erscheinungshaftigkeit in einen Prozess zum nächsten Bild überzuführen.

23 | Claude Monet, **Die Kathedrale von Rouen im Morgennebel**, 1884

Claude Monet 94

„Das, was im Zwischenraum passiert, zwischen dem Bild und dem nächsten Bild, wo kann das nur passieren? Im Betrachter selbst. Das heißt, der Betrachter wird zum Autor des zeitlichen Prozesses, und was dieser selbst macht, das geschieht.“

Das, was im Zwischenraum passiert, zwischen dem Bild und dem nächsten Bild, wo kann das nur passieren? Im Betrachter selbst. Das heißt, der Betrachter wird zum Autor des zeitlichen Prozesses, und was dieser selbst macht, das geschieht.

Jetzt kommen wir an eine interessante Überschneidung, wo tatsächlich zu sagen wäre: Das Subjektive ist das wahrhaft Objektive. Denn was ich nun hier als Zeiterfahrung über die Serie hinaus bilde, ist das, was der Betrachter angesichts dieser einzelnen Stadien als Ganzheitsleistung aufbringt. Den Wandel des Gleichen im Kontinuum zu erfassen heißt, dass er sozusagen die Tageszeitlichkeit in sich selbst erinnernd neu entdeckend realisiert und dadurch sich in den Zeitprozess selbst hinein stellt, ihn als Primärerfahrung seiner Bildgenese mit erfährt. Es wird ihm nicht vorgeführt, wie Zeit ist, sondern Zeit findet statt, indem er sich das selbst ins Bewusstsein führt.

Das ist die Ungeheuerlichkeit dieser neuen Malerei, dass sie die Wirklichkeit nicht als eine Projektion von außen zeigt, sondern den Betrachter dazu provoziert, dazu anregt, selbst Wirklichkeit zu leisten – ja, ich möchte mich dahin versteigen – Zeit überhaupt erst zu konstituieren, entstehen zu lassen. So rätselhaft das auch immer klingen mag.

24 | Claude Monet,
Die Kathedrale von Rouen, das Portal und der Turm Saint-Romain bei strahlender Sonne, Harmonie in Blau und Gold, 1893

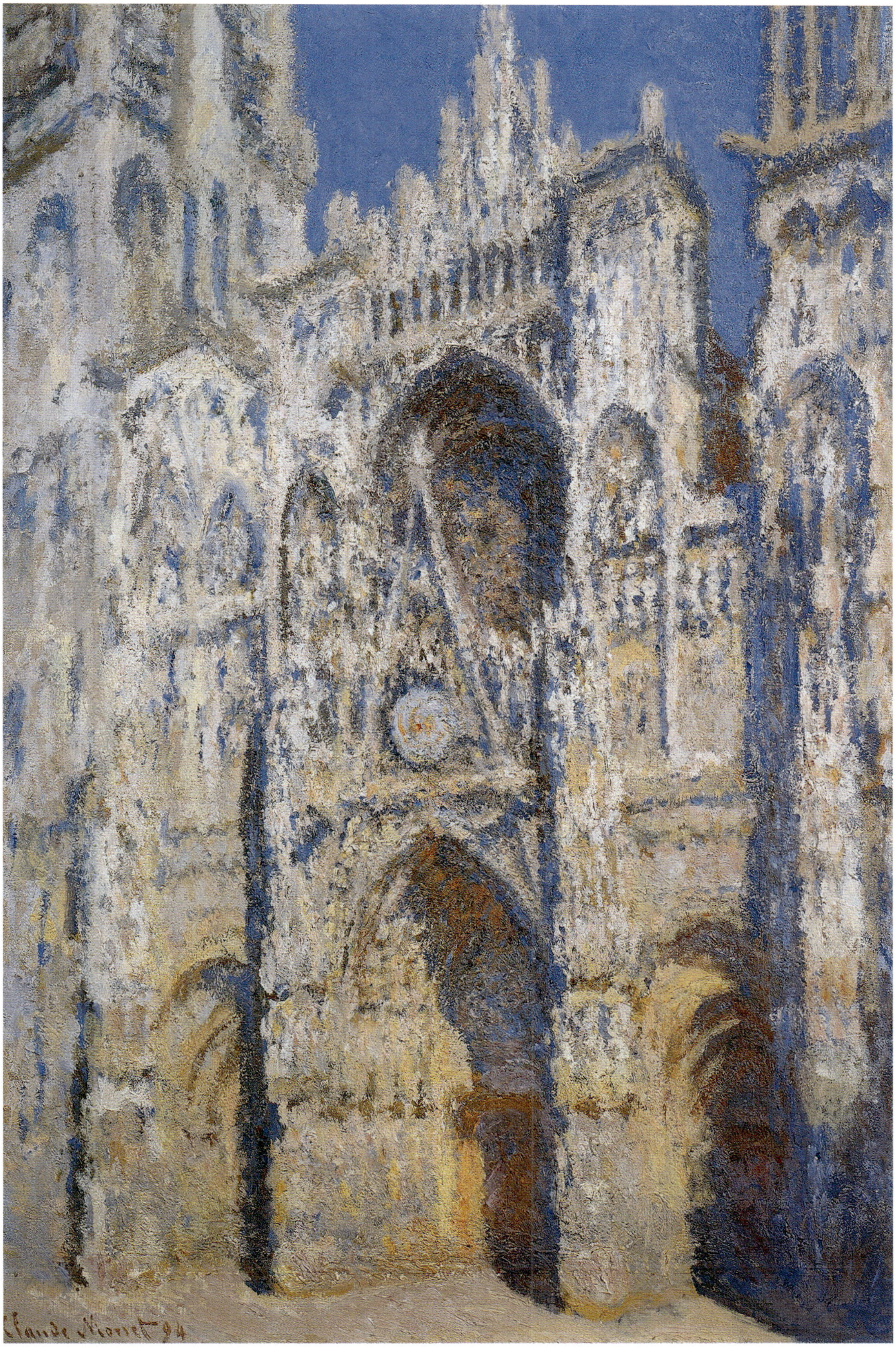
Claude Monet 94

DIE BARKE IN GIVERNY

Monet hat sich auch in späterer Zeit immer wieder mit dem Thema „Spiegel“ beschäftigt (vgl. Abb.13, S. 34-35, Atelierboot). Dieses wunderbare Bild wollte ich Ihnen nicht vorenthalten. Sie sehen hier, wie durch das Laub einzelne Lichtflecken kommen. Sie werden von den Kleidern aufgefangen und spiegeln sich im Wasser. Das ist hinreißend und eine richtig edle Komposition. Zudem ist es wahnsinnig schick, denn da schwappt noch die alte Kultur in einem Gipfelspritzer sozusagen auch noch durch Monet in das komponierte, edle Bildgefüge. Das kann man nur verstehen als äußerste Eleganz einer phantastischen Komposition, die in dieser Steigerung auch nur im 19. Jahrhundert zur Verfügung stand. Monet hat sich später immer wieder mit dem Thema „Spiegel“ beschäftigt. Das will ich Ihnen nicht vorenthalten.

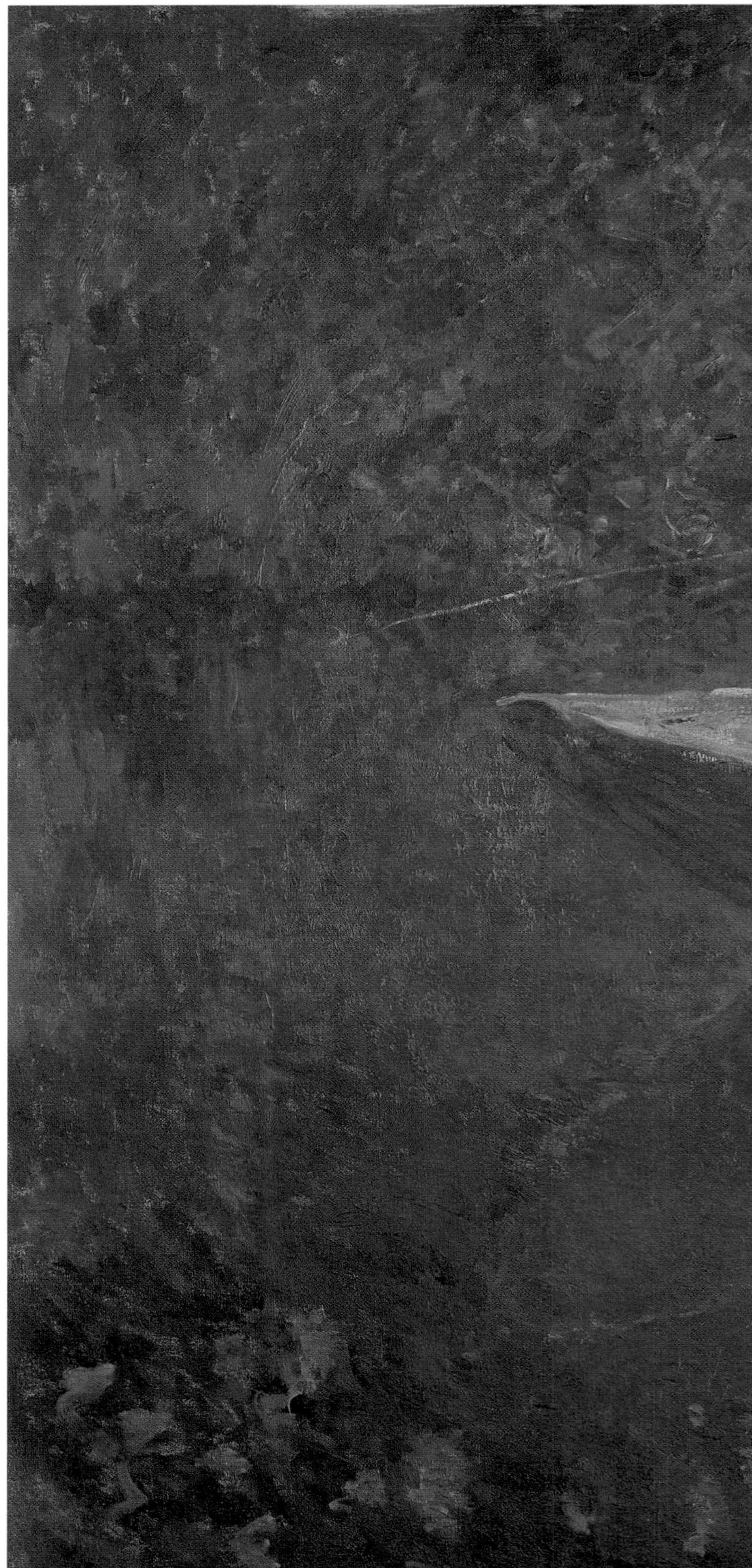

25 | Claude Monet
Die Barke in Giverny, um 1887

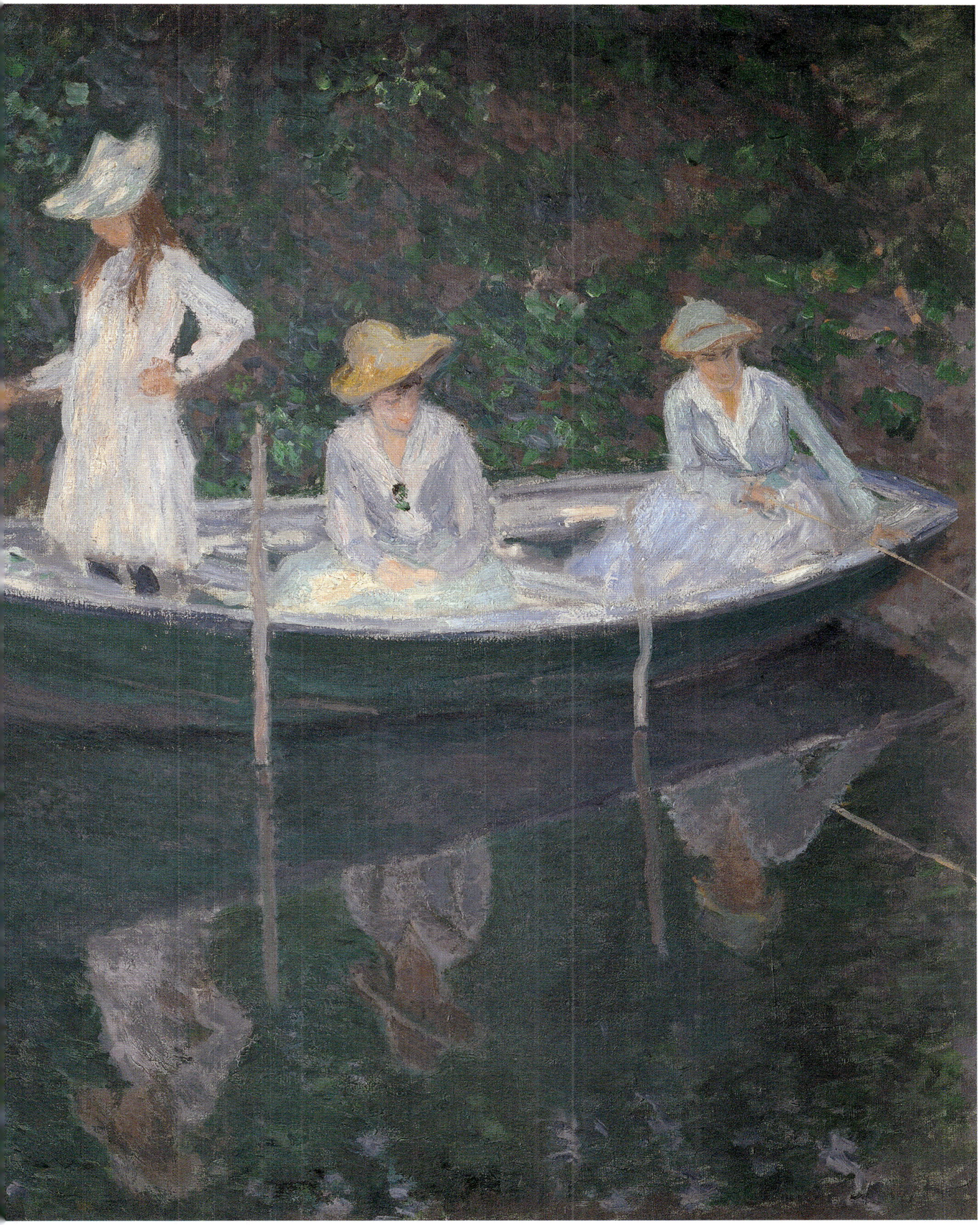

JAPANISCHE BRÜCKE

Eine Brücke in seinem Garten. Man sieht schon, die Brücke ist schon da. Da unten sehen Sie das Spiegelbild, und auf dem Spiegelbild die berühmten Seerosen. Der Garten ist vollkommen zugewuchert.

Monet hat jahrelang daran gearbeitet und nahezu nichts anderes mehr gemalt. Dabei entfernte er sich schrittweise von allem, was noch irgendwie mit Komposition zu tun haben kann.

26 | Claude Monet, **Japanische Brücke**, 1899

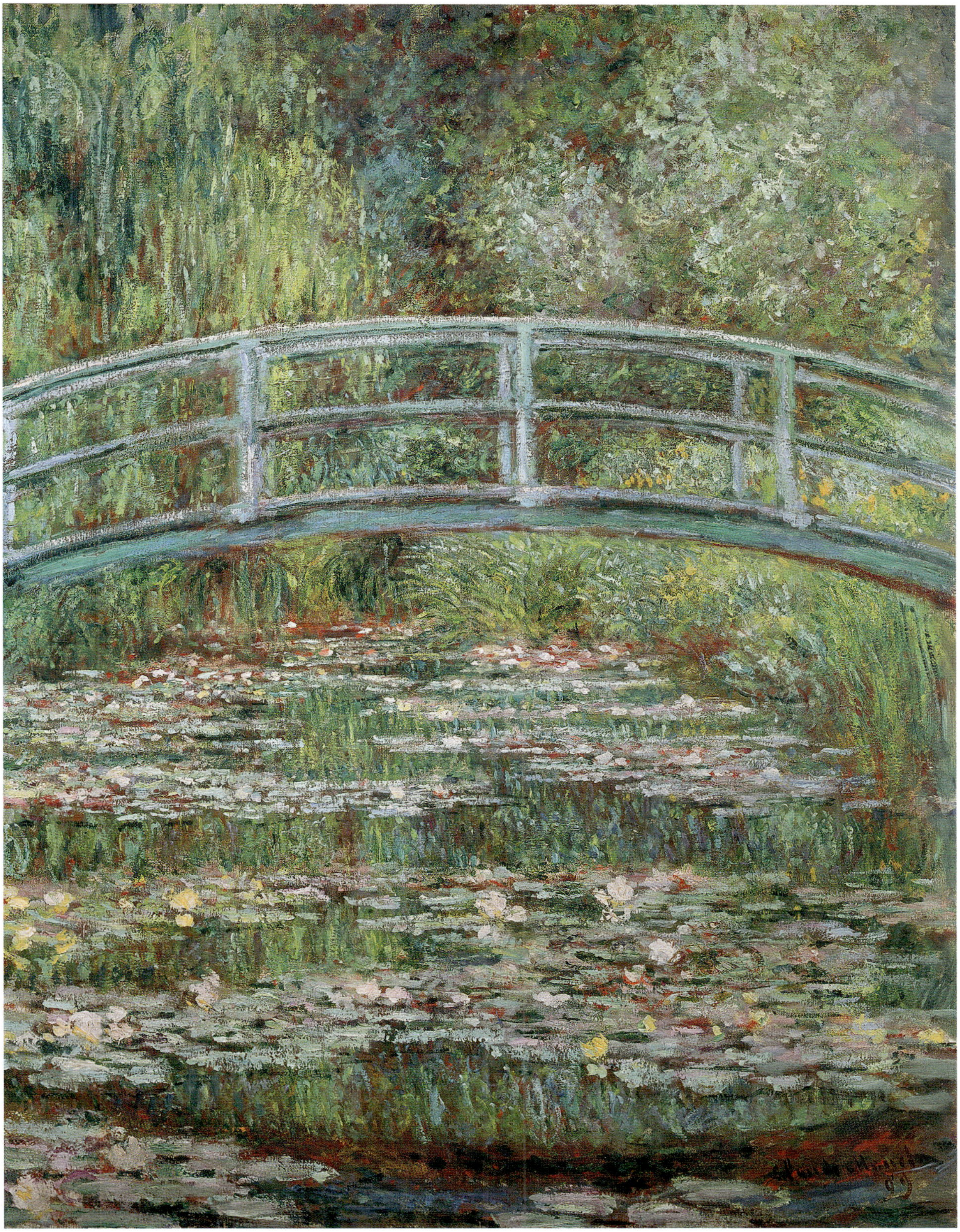

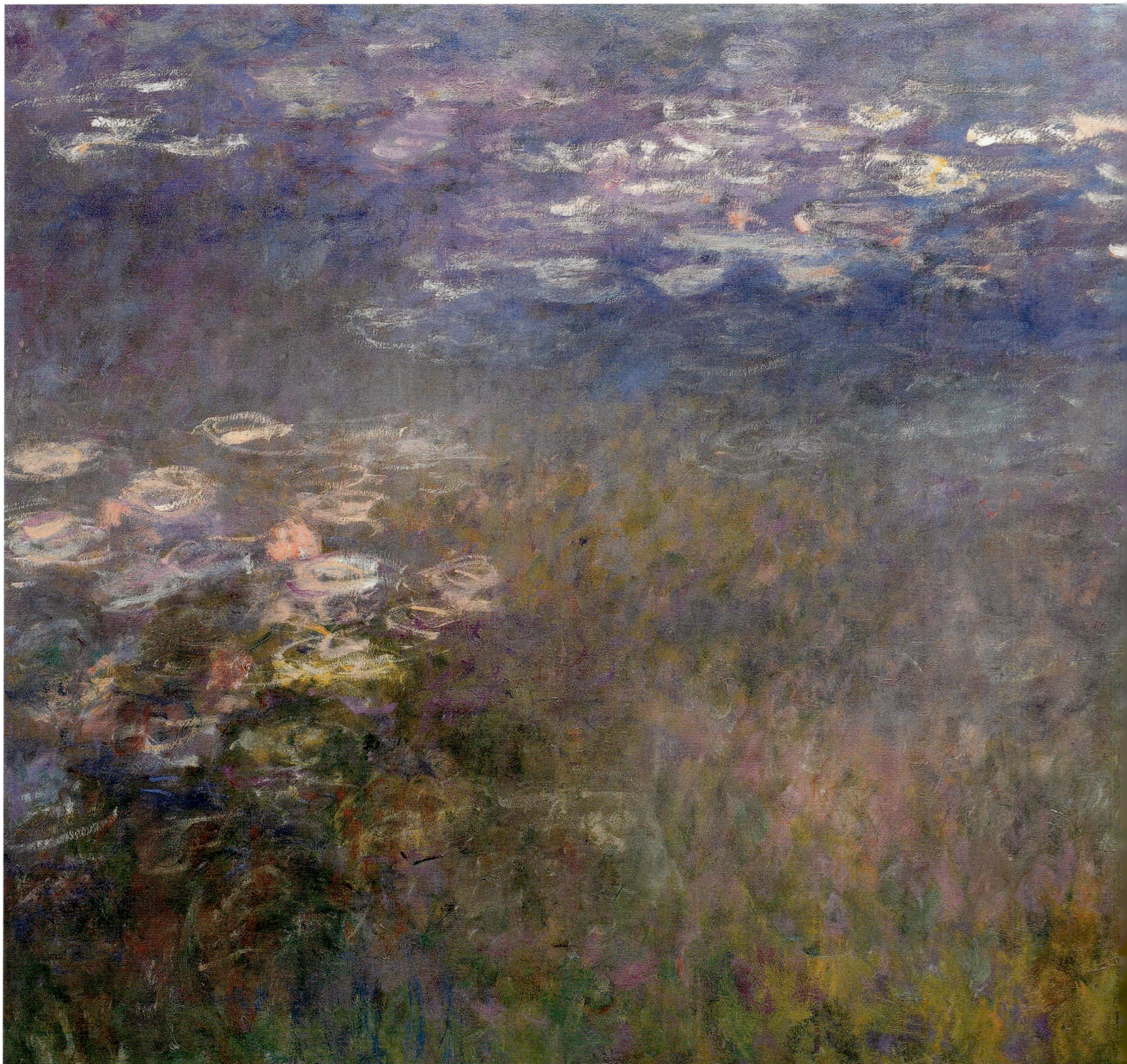

SEEROSEN

Dieses Bild kann man gerade noch so auffassen. Aber sehen Sie, wie wunderbar das gemacht ist? Wie das so darüber schwebt? Geht der Blick in die Tiefe? Oder bleibt er am Spiegelbild hängen? Man weiß es nicht, weil beides der Fall ist. Aber was nun positiv Gegenstand, was Spiegelbild ist, ist gar nicht mehr zu bestimmen.

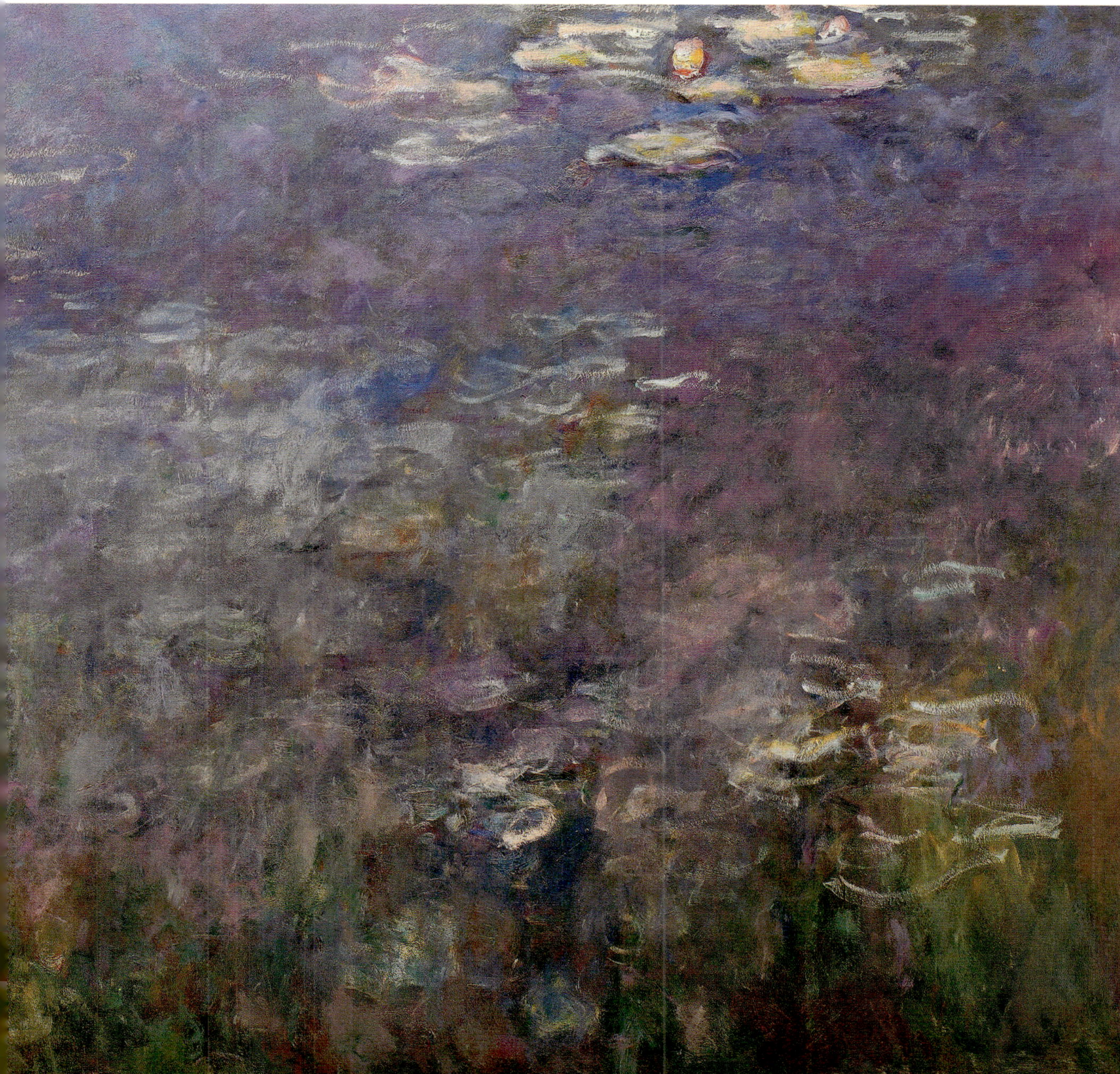

27 | Claude Monet, **Seerosen** (Triptychon), rechte Tafel, 1916-26

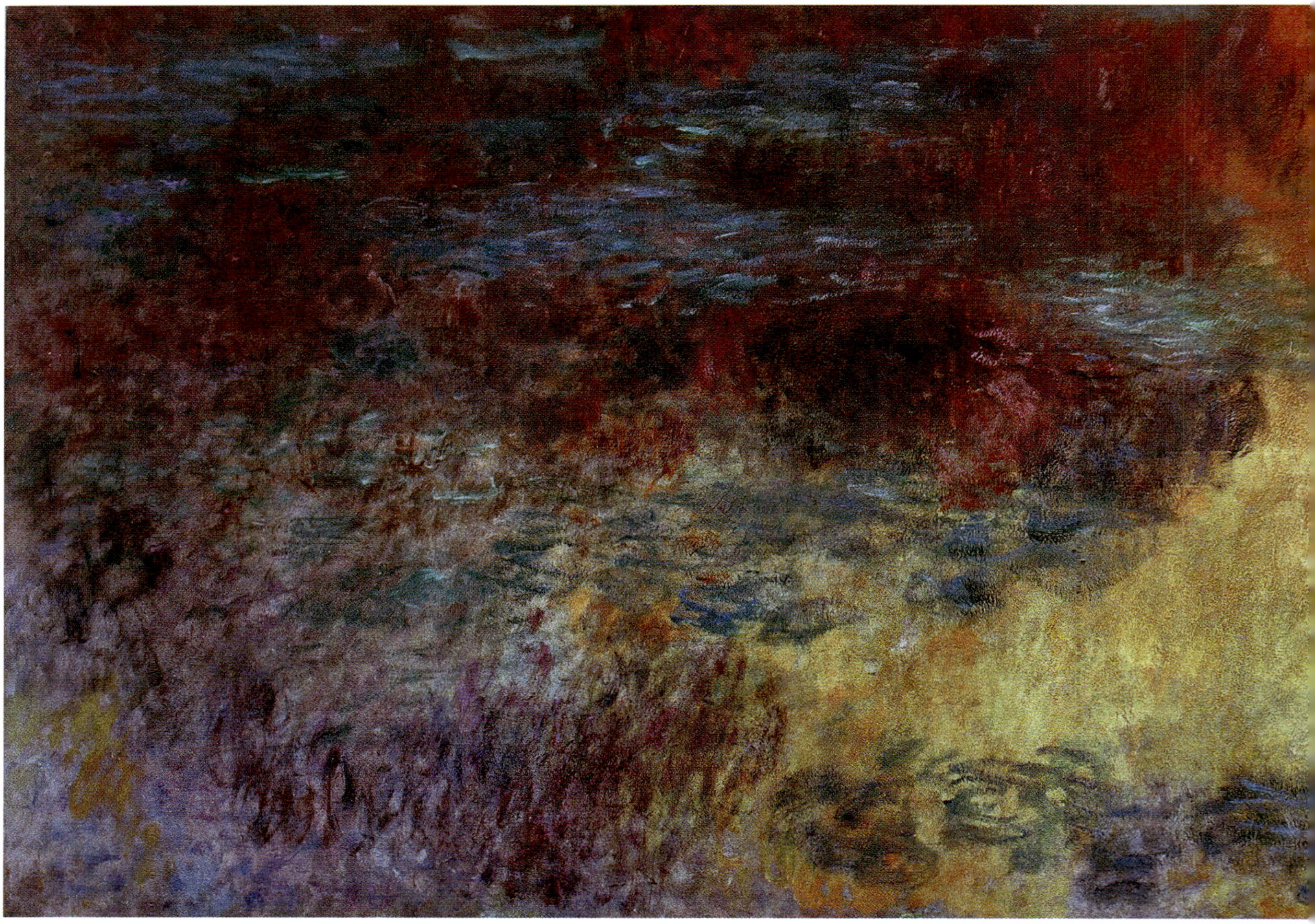

SEEROSEN AM ABEND

Wenn Sie diese beiden folgenden Bilder nicht schon kennen würden, hätte ich Sie fragen können, was hier denn dargestellt wird. Da fängt das an, dass alles, was wir zuvor aufgezählt haben, wirksam wird. Eine freie Pinselspur, ein freies Farbgewebe und freie Rhythmen: Es bildet sich die Vorstellung auf Gegenständlichkeit, aber sie hebt sich auf, weil das Ding, das gezeigt wird, selbst bildhaft ist.

Wirksam wird im Bild die Natur der Farbe als solche, aber es fügt sich nicht mehr in eine fertige Zielvorstellung. Das ist nicht mehr Skizze in dem Sinne, dass Sie sich es vorstellen können, wie es wirklich aussieht, sondern es ist die Wirklichkeit selbst. Es ist offen, hat kein Ziel mehr auf eine endgültige, festgewordene Dingvorstellung.

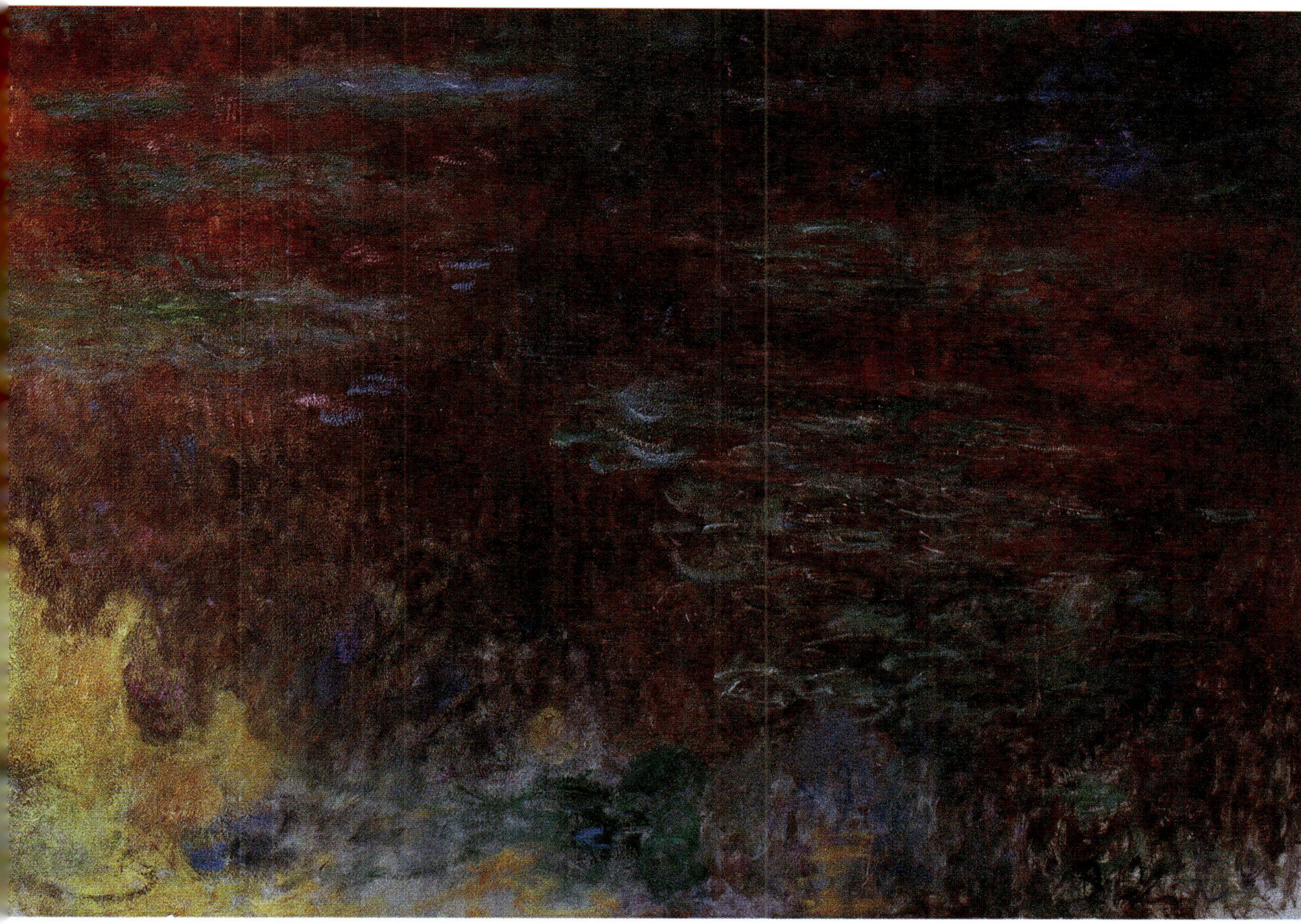

28 | Claude Monet, **Seerosenteich am Abend** (Diptychon), 1922-24

„Je älter ich werde, desto mehr begreife ich,
dass man viel arbeiten muss, um dahin zu gelangen,
das wiederzugeben, was ich suche: die ‚Momentaneität',
speziell die atmosphärische Einbettung
der Dinge und das sich überall ausbreitende Licht." [14]

14 Gustave Geffroy, Monet, sa vie, son oeuvre, Paris 1924; Neuaufl. 1980, S. 308.

„Das sind völlig frei fließende Rhythmen. Nirgendwo ist ein Anhalt oder ein Widerstand, dass man sagen könnte: ‚Aha, das kontrastiert'. Wenn Sie da eine Zeitlang mit dem Blick reingehen, kann man sich fast wie besoffen fühlen!"

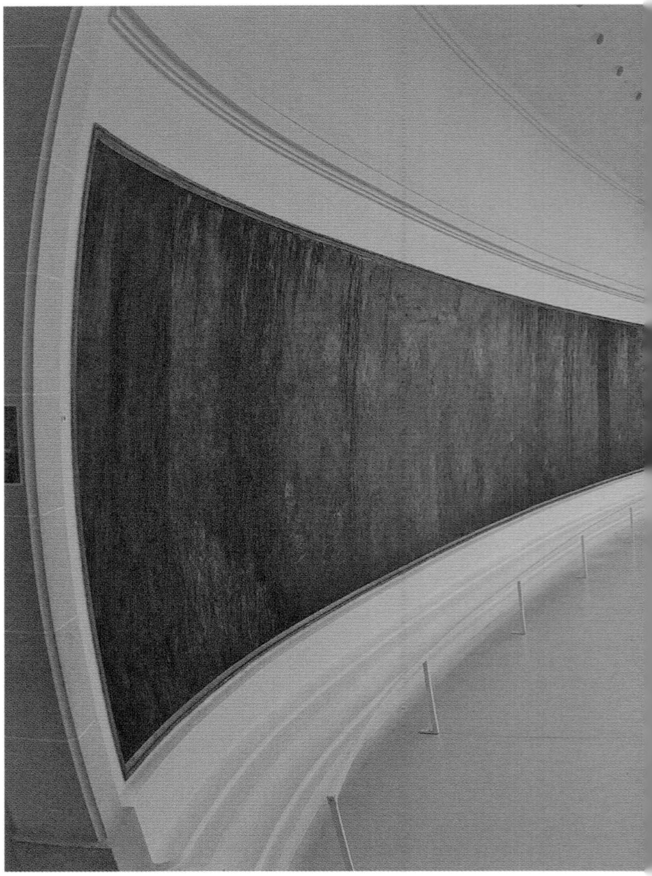

SEEROSEN IM MUSÉE DE L'ORANGERIE

Dieses Gemälde von Monet ist zwei Meter hoch und bis zu 17 Meter breit und hat eine Gesamtlänge von über 100 Meter. Der Maler hat immer größere Formate gemacht, Sie können das heute in Paris in der Orangerie bewundern, und schließlich einen ovalen Raum, der rings umgeben ist von einem Kontinuum solcher Bilder, die man jetzt als Seerosen bezeichnen kann. Stellen Sie sich vor, Sie sind hier irgendwo in der Nähe, ringsum kein Anhaltspunkt, keine Bildgrenzen mehr, keine Komposition, das Bild völlig entgrenzt.

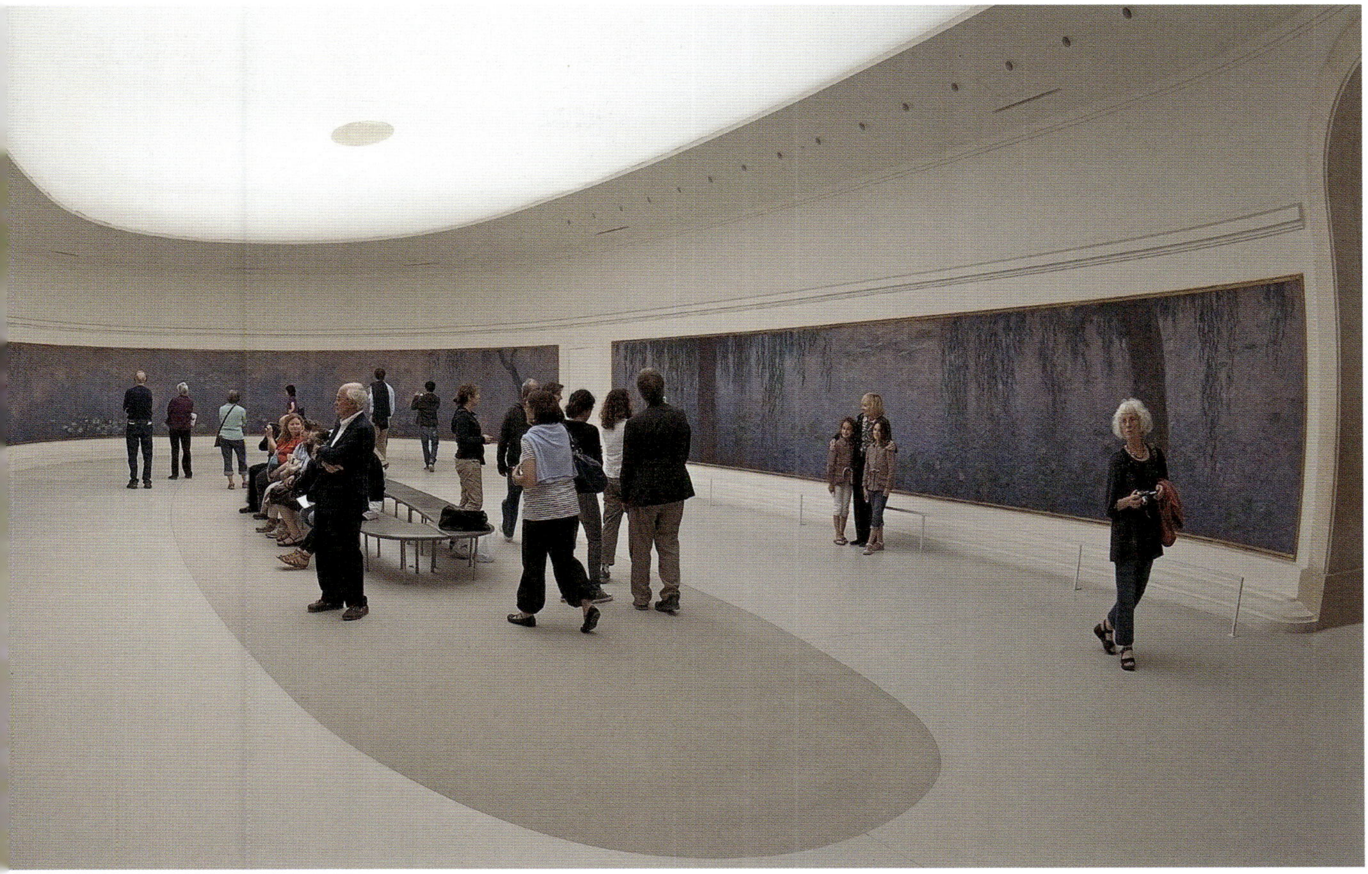

29 | Claude Monet, **Seerosen im Musée de l'Orangerie**, Paris

Es wird überdimensional. Und was alleine übrig bleibt, das ist die unmittelbare Konfrontation des Betrachtenden mit dem, was er sieht. Also die Begegnung mit der Natur der Farbe als Bild oder mit dem Bild als Wirklichkeit dessen, was in seinem Anschauen sich selbst zuträgt.

Das sind völlig frei fließende Rhythmen. Nirgendwo ist ein Anhalt oder ein Widerstand, dass man sagen könnte: „Aha, das kontrastiert". Wenn Sie da eine Zeitlang mit dem Blick reingehen, kann man sich fast wie besoffen fühlen! Der Besoffene konturiert ja auch nicht mehr so ganz, da wird die Welt so schön einheitlich, deswegen sucht er diesen Zustand immer wieder auf. Aber nehmen wir mal an, das ginge sozusagen spirituell über das Auge, nämlich das Einswerden mit der Welt, die man sieht. Eine Art neue Einheit von Sehen und Gesehenem. Ein Wirklichwerden dessen, was man oft nur als optisches Ereignis abtut und sagt: „In Wahrheit ist das ein Gegenstand". Nein, was Sie hier sehen, ist schon die Sache selbst. Ich kann vergessen, dass das Seerosen sind. Und wenn Sie hier draufgucken eine lange Zeit, dann wissen Sie sowieso nicht mehr, was Sie sehen. Sie wissen nur noch, dass Sie sehen.

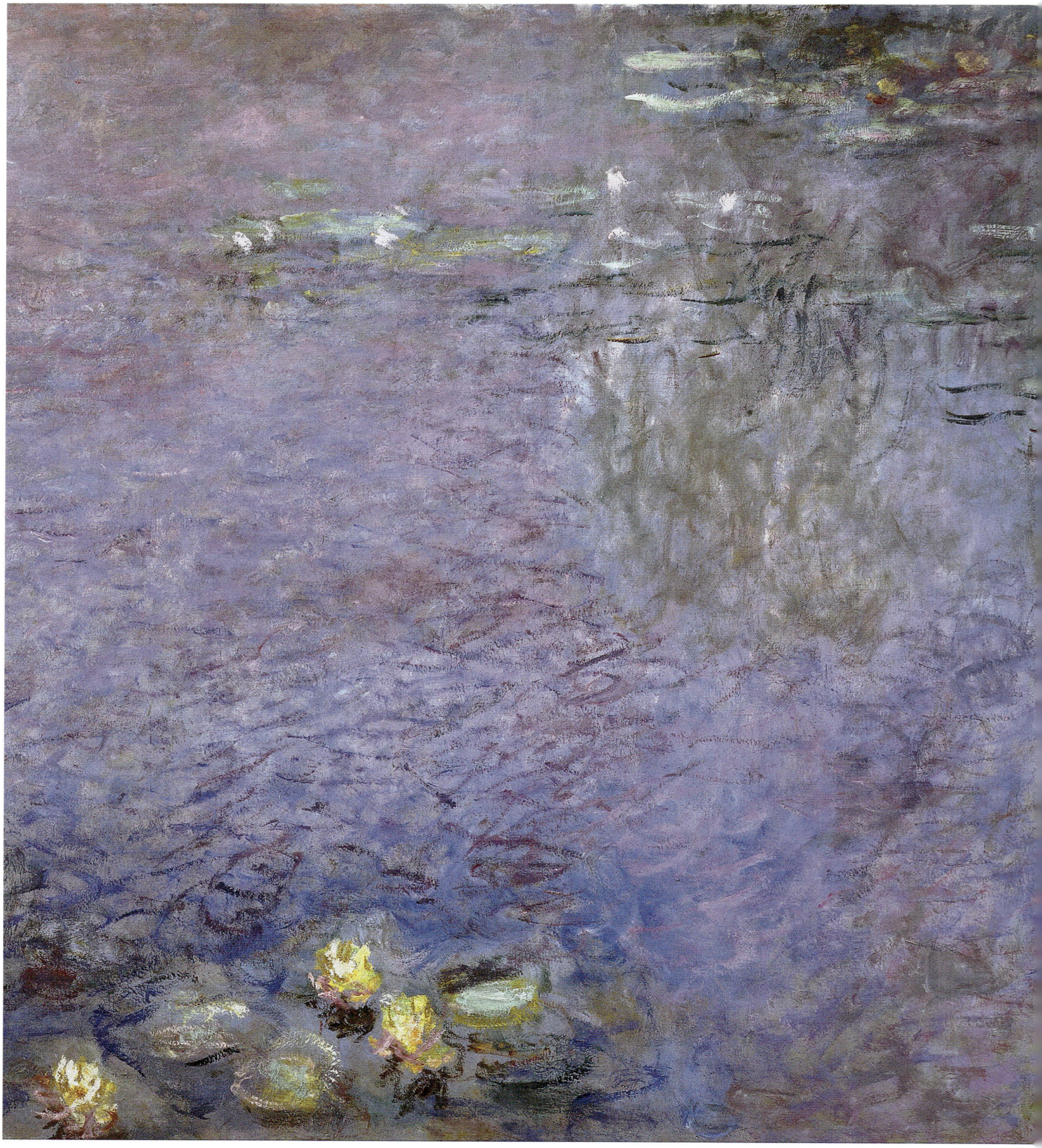

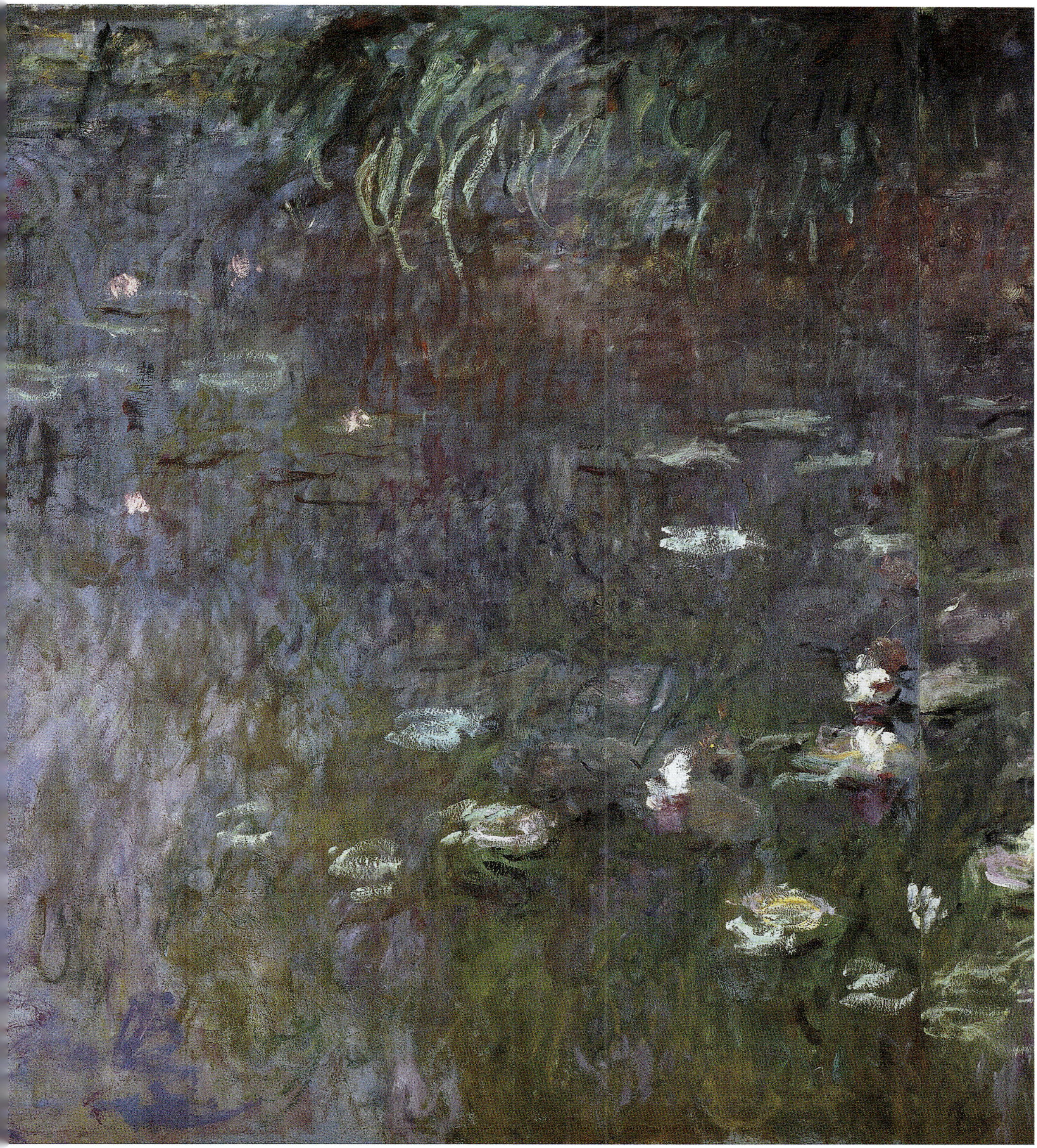

30 | Claude Monet, **Seerosen** im Musée de l'Orangerie, Paris (Ausschnitt), 1915-1926

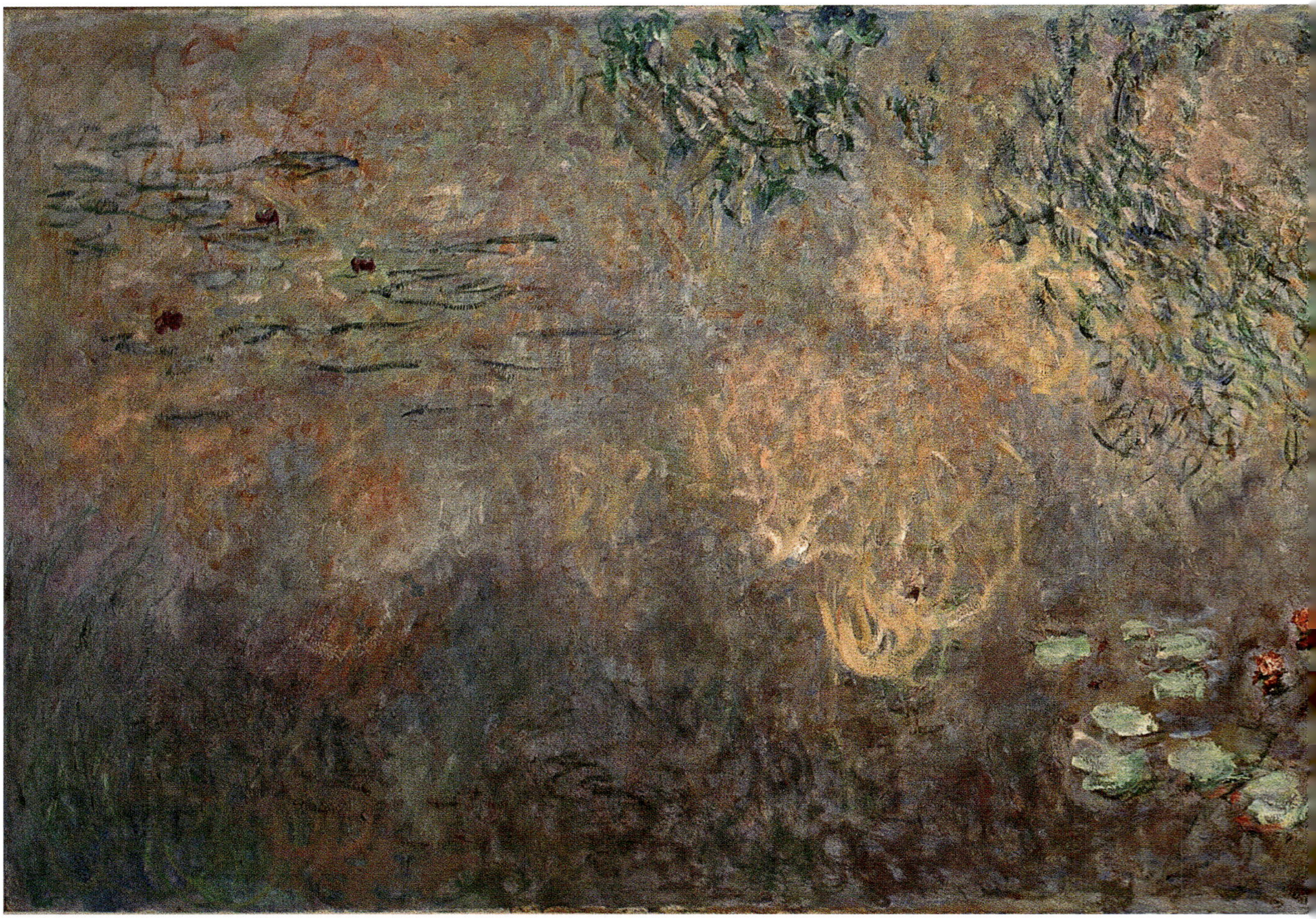

SEEROSENTEICH MIT IRIS

Dies steigert er noch in seinen letzten Bildern, in dem berühmten Seerosenteich mit Iris, das im Kunsthaus in Zürich hängt. Das Entscheidende ist nun, dass in dieser Grenzenlosigkeit der Betrachter aufgerufen ist, auch noch etwas zu leisten; nicht nur dass er aufgefordert ist, den Rhythmus dieses Bildes zu erfahren als einen Naturrhythmus, den Wandel der Farben zu erfahren als Naturpräsenz, sondern auch noch zu erfahren, dass er diesen Raum abgrenzen muss als sein eigenes Sehfeld. So wie ich in der Natur sage: „Das beachte ich", so muss er sich auch bei diesem Bild wieder neu eine eigene Grenze setzen. Das Rahmenbild der klassischen abendländischen Tradition hat hier ausgedient. Die Grenze muss selbst gesetzt werden. Der Raum, in dem sich Bewusstsein konstituiert, wird nun selbst gestiftet. Der Betrachter sieht sich angesichts eines solchen Kunstwerks in der Situation, seine eigene Zeit, seinen eigenen Raum und seine eigene Welt aus dem Sehen selbst entstehen zu sehen.

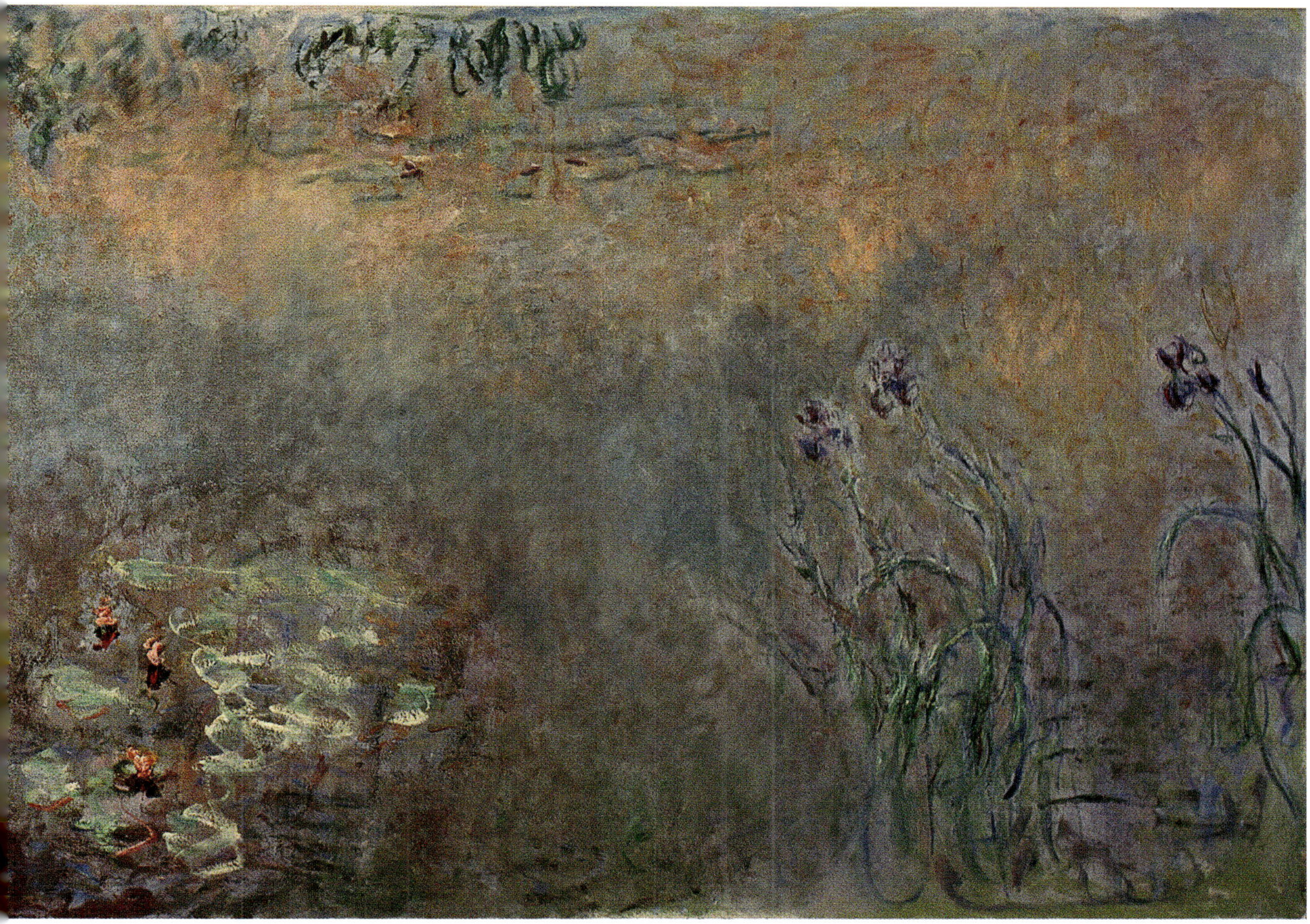

31 | Claude Monet, **Seerosenteich mit Iris**, um 1914/22

Bitte fassen Sie meine Worte nur als allererste Hinweise, als Fingerzeige auf. Ich bitte Sie, Ihr Anschauen immer wieder neu, lebendig und frisch zu halten, indem Sie selbst auf die Rätsel der Erscheinung zugehen. Ich kann Ihnen das nicht in Form fertiger Begriffe geben. Ich kann Sie nur anregen, in dieser Richtung selber Ihre authentischen Erfahrungen zu machen. Ich danke Ihnen.

SEEROSE ODER FARBKLECKS?

Obwohl wir Herrn Bockemühl nie persönlich kennenlernen durften, begleitet uns seine „Kulturübung Kunst“ seit Beginn unseres Studiums an der Universität Witten/Herdecke. Aufmerksam wurden wir auf diese „Kulturübung“, die darauf zielt, das Sehen auszubilden, im Rahmen eines Seminars, das ein ehemaliger Assistent von ihm leitete. Wir sollten uns zu zweit zusammentun und nacheinander ein Kunstwerk beschreiben, das der andere nicht sah. Es galt, dem Zuhörenden eine möglichst exakte Vorstellung zu verschaffen, die im Anschluss mit dem tatsächlichen Sinneseindruck verglichen wurde.

Diese Übung führte uns zu einer erstaunlichen Entdeckung: Wir stießen beim Beschreiben auf einen Raum, der zwischen dem Gegenstand (dem Kunstwerk) und den eigenen Begrifflichkeiten liegt. Waren wir hier auf ein Gebiet gestoßen, auf das auch Monet hingewiesen hatte, als er meinte: „Das Motiv ist für mich etwas Sekundäres; was ich wiedergeben will, ist, was zwischen dem Motiv und mir ist“?[15]

Nach der Lektüre des vorliegenden Vortrages und der Betrachtung von Monets Bildern verstärkte sich unser Wunsch, etwas *wirklich* wahrzunehmen. Wir wollten das Alltagsauge verwandeln und mit neuem, frischem Blick *erleben*, was häufig übersehen wird. Die Blätter einer Pappel beispielsweise sind bekanntlich bereits bei leichtestem Windwehen in Bewegung. Dadurch erscheint dieser Baum in jedem Augenblick ein wenig anders. In Monets Bildern finden wir diese „Augenblicklichkeit der Momentgestaltung“ (S. 30) in ganz besonderer Intensität wieder: Die Luft und den Wind kann man nicht darstellen, aber ihre Anwesenheit macht Monet für uns erlebbar.

Der Abgleich der oft festen Vorstellung mit der eigenen Seherfahrung ist hier das Entscheidende: Wer lernt, die Kongruenz seiner Vorstellung mit dem jeweiligen Sinneseindruck zu überprüfen – das Bild von der Pappel im Kopf und deren tatsächlicher Erscheinungsweise – wird bemerken können, wie Monet in seiner Kunst der Wirklichkeit näher gerückt ist.

Jedes Mal, wenn wir gemeinsam Monets Bilder betrachten, haben wir den Eindruck, Raum und Zeit zu verlassen. Wir verfolgen unsere Blickbewegungen, um in die Tiefen der Bildwirkungen einzutauchen. Umso länger wir beispielsweise „Wasser“ oder „Seerosen“ anschauen, umso mehr Fragen tauchen auf: „Kann aus diesem Farbklecks eine Seerose werden?“ „Was passiert mit meiner Vorstellung, wenn ich die Distanz zum Bild verändere?“ „Mit welchem Abstand wird die Seerose wieder zu einem Farbklecks?“

15 In einem Interview in der Osloer Zeitung Dagbladed, 4.4.1895, zit. nach Daniel Wildenstein, Claude Monet. Biographie et catalogue raisonné, 5 Bde., Lausanne/Paris 1974–1991, Bd. III, S. 65.

Gerade die Farbtupfer sind es, die das Auge fortwährend in Bewegung halten, weil sie sich nie zu einem konstanten Eindruck zusammenfügen, sondern immer neue Eindrücke ermöglichen. So gelingt es Monet, mehr als nur unbewegtes Abbild zu zeigen: Seine Bilder transportieren bekanntlich auch Stimmungen und Atmosphäre. Uns fasziniert daran, wie sich beim Betrachten der Tupfen und Pinselstriche Gegenständlichkeit ständig neu konstituiert, bei längerem Hinschauen wieder auflöst und neu zusammensetzt. Die sonst feste und meist automatisierte Verbindung zwischen Eindruck und Urteil beginnt sich so zu lösen und eröffnet ungeahnte Perspektiven.

Mit den Augen am Kunstwerk entlangtastend sind wir in einem permanenten, ergebnisoffenen Dialog mit den Farben und Formen, die auf uns einwirken. Dieser meditative Umgang mit Monets Bildern bleibt für uns nicht ohne Wirkung: Nicht nur, dass sich das vermeintlich stabile Urteil in Augenblicken auflösen kann und wir ständig mit der eigenen Unsicherheit und immer wieder offenen Prozessen konfrontiert werden.

Wir lernen daraus auch:

- eine eigene Haltung zu entwickeln, die es erlaubt, sich gestaltend in die Welt einzubringen.
- die Verbindung zur Umwelt *sinnlich* zu erfahren, um überprüfen zu können, ob das begrifflich Erfasste auch wirklich be-*griffen* ist.
- ein Verstehen von uns selbst *an* der Kunst wachsen zu lassen.
- uns im Wahrnehmungsvorgang selbst wahrzunehmen und dabei offen, neugierig und zugleich selbstbewusst zu bleiben.
- im Sehen die Welt des Sichtbaren zu erweitern.

Nicht zuletzt, weil wir selbst erfahren haben, welche Möglichkeiten das Sehen für uns bereithält, wenn wir es durch die Betrachtung von Kunst „immer wieder neu, lebendig und frisch" erhalten, möchten wir diesen Band über Monets Bilder veröffentlichen. Sicher ist er auch eine Freude für alle, die ihn lesen und denen er eine Türe öffnen kann, wo sie vorher noch nicht gesehen wurde.

Andrea Kreisel und Geraint Black

CLAUDE MONET

1840
Claude Monet wird am 14. November in Paris geboren. Kurz darauf zieht die Familie nach Le Havre um, wo Monet seine Jugend verbringt.

1858
Claude Monet lernt den Landschaftsmaler Eugène Boudin kennen. Fasziniert von dessen Kunst will er auch selbst Maler werden.

1859
Ohne Schulabschluss geht Monet nach Paris. An der Kunstschule „Academie Suisse" lernt er Jacob Camille Pissarro und andere Realisten kennen.

1861
Auf Drängen seines Vaters wird Claude Monet zu einem siebenjährigen Militärdienst nach Algerien einberufen. Er wird der Kavallerie zugeteilt.

1862 - 1863
Der sensible Künstler erkrankt an Typhus. Eine Tante Claude Monets, selbst Gelegenheitsmalerin, kauft ihn vom Militärdienst frei. Wieder in Paris, arbeitet er in einem freien Atelier. Dort lernt Monet Pierre-Auguste Renoir kennen.

1864
Monet beginnt mit Landschaftsstudien.

1865
Die Maler Frédéric Bazille und Claude Monet beziehen ein gemeinsames Atelier in Paris. Auf dem berühmten Pariser Salon stellt Monet „Seestücke" aus, Gemälde mit Schiffen und Meeresmotiven.

1866
Monet malt das lebensgroße Frauenporträit „Camille", das von der Kunstkritik gelobt wird. In Ville d'Avray bei Paris entsteht das große Figurenbild „Frauen im Garten".

1867
Monets Lebensgefährtin Camille Doncieux bringt am 8. August einen Sohn zur Welt.

1868
Claude und Camille ziehen zunächst nach Bennecourt, dann nach Le Havre. Die Internationale Marine-Ausstellung zeigt fünf Gemälde Monets.

1869
Claude Monet stellt im Schaufenster des Farbenhändlers Latouche ein Bild aus, das mit der neuen Technik kurzer Pinselstriche angefertigt wurde. Er entwickelt diesen Stil in den folgenden Jahren weiter.

1870
Am 28. Juni heiraten Claude und Camille.

1871
Der Kunsthändler Paul Durand-Ruels kauft erstmals Bilder von Monet. Am Jahresende zieht die Familie Monet in den Ort Argenteuil, nordwestlich von Paris. Die Gegend ist bei Malern sehr beliebt. Sie bewohnen ein Haus mit Atelier nahe der Seine.

1872
Ankäufe des Kunsthändlers Paul Durand-Ruels sichern Monets finanzielle Unabhängigkeit.

1873
Im April trifft sich Monet mit Jacob Camille Pissarro und anderen Malern, um über die Gründung einer Künstlervereinigung zu beraten. Er beginnt mit der Arbeit an seinem berühmten Gemälde „Impression, Sonnenaufgang".

32 | Claude Monet, 1901

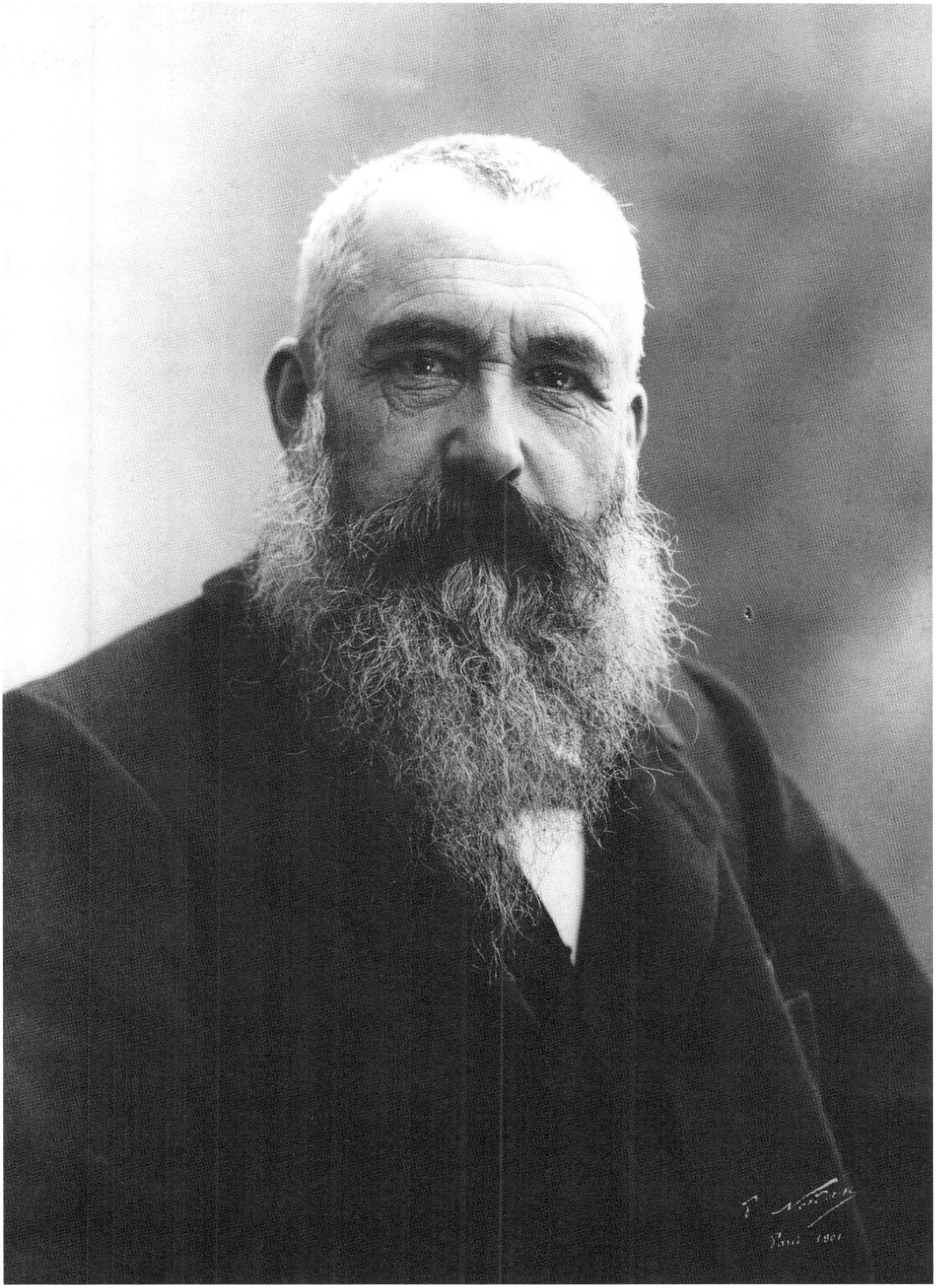
Paris 1901

1874
Am 15. April präsentieren Monet und seine Künstlervereinigung ihre Werke zum ersten Mal der Öffentlichkeit. Monet stellt sein Gemälde „Impression, Sonnenaufgang“ (S. 24-25) aus, das der Gruppe den Spottnamen „Impressionisten“ einbringt. Trotzdem entstehen weitere impressionistische Bilder. Edouard Manet portraitiert seinen Malerkollegen im Gemälde „Claude Monet in seinem Atelier“. Das Atelier ist nichts anderes als ein Boot.

1875
Monet malt seine Frau in großem Figurenbild: „Der Spaziergang. Frau mit Sonnenschirm“ (S. 29).

1876
Der Sammler Ernest Hoschedé unterstützt Monet. Er lässt ihn in seinem Schloss Rottembourg in Montgeron von Juli bis Dezember malen.

1877
Der Gesundheitszustand von Monets Ehefrau Camille verschlechtert sich.

1878
Am 17. März wird Monets zweiter Sohn Michel Monet geboren. Die Familie zieht nach Vétheuil nahe Paris. Die finanzielle Lage verschlechtert sich.

1879
Camille stirbt im Alter von 32 Jahren. Monet erweist ihr mit seinem Bild „Camille auf dem Totenbett“ die letzte Ehre.

1883
Claude Monet mietet mit Alice Hoschedé ein Haus mit Garten in Giverny, das er bis an sein Lebensende bewohnt. Alice Hoschedé ist die Ehefrau von Ernest Hoschedé, der 1877 Bankrott anmelden musste.

1889
In einer Ausstellung in der Pariser Galerie Georges Petit werden Gemälde Monets zusammen mit Skulpturen von Auguste Rodin gezeigt. Monet gewinnt wieder an Popularität. Der Begriff „Impressionismus“ wandelt sich vom Spottnamen zum anerkannten Kunststil. Der Impressionismus verbreitet sich schließlich auch in Deutschland. Wichtigste Vertreter werden Max Liebermann, Lovis Corinth und Max Slevogt.

1890
Monet kauft das Haus in Giverny.

1891
Ernest Hoschedé stirbt.

1892
Claude Monet und Alice Hoschedé heiraten.

1915
Monet lässt in seinem Haus ein großes Atelier bauen. Er malt großformatige Bilder seines Seerosenteichs.

1916
Der Maler erhält einen Staatsauftrag für den Seerosen-Zyklus.

1926
Claude Monet stirbt am 5. Dezember in Giverny.

VERZEICHNIS DER WERKE

1 | Claude Monet, **Selbstporträt mit Baskenmütze**, 1886 Öl auf Leinwand, 56 x 46 cm, Privatsammlung, © Lefevre Fine Art Ltd., London / Bridgeman Images, S. 9

2 | Michael Bockemühl, 2003 © Christian Nielinger, Essen, S.13

3 | Gustave Courbet, **Die Steineklopfer,** 1849 (1945 zerstört), Öl auf Leinwand, 165 x 257 cm, ehemals Galerie Neue Meister, Dresden, © mauritius images / ART Collection / Alamy, S. 14

4 | Alexandre Cabanel, **Die Geburt der Venus**, 1875, Öl auf Leinwand, 106 × 182,6 cm, Metropolitan Museum of Art, New York, © Fine Art/ARTOTHEK, S. 15

5 | Gustave Caillebotte, **Europabrücke,** 1876, Öl auf Leinwand 124,7 x 180,6 cm, Petit Palais, Musée d'Art Moderne, Genf, © Peter Willi/ARTOTHEK, S. 17

6 | Hippolyte Jouvin, **Die Pont-Neuf, aufgenommen vom Ufer Grand Augustin,** Photographie 8,6 x 17,2 cm (im Original: Doppelphoto), um 1860-65, Quelle: Wikimedia Commons, gemeinfrei, S.18

7 | Claude Monet, **Boulevard des Capucines,** *1873-74*, Öl auf Leinwand, 80,3 × 60,3 cm, Nelson-Atkins Museum of Art, Kansas City, © mauritius images / classicpaintings / Alamy, S. 21

8 | Claude Monet, **Europabrücke Gare St. Lazare,** 1877, Öl auf Leinwand, 60 x 80 cm, Musée Marmottan, Paris, © mauritius images / ART Collection / Alamy, S. 22-23

9 | Claude Monet, **Impression (Sonnenaufgang)**, 1872, Öl auf Leinwand, 48 x 63 cm, Musée Marmottan, Paris, © ARTOTHEK, S. 24-25

10 | Claude Monet, **Der Spaziergang** (Frau mit Schirm - Madame Monet und Ihr Sohn), 1875, Öl auf Leinwand, 100 x 81 cm, National Gallery of Art, Washington, © mauritius images / RTRO / Alamy, S. 29

11 | Claude Monet, **Die Terrasse am Meeresufer, Sainte-Adresse** 1867, Öl auf Leinwand, 98,1 x 129,9 cm, Metropolitan Museum of Art, New York, © ARTOTHEK, S. 30-31

12 | Claude Monet, **Die Seine bei Argenteuil,** 1867, Öl auf Leinwand, 98,1 x 129,9 cm, Metropolitan Museum of Art, New York, © Christie's Images Ltd/ARTOTHEK, S. 32-33

13 | Claude Monet, **Das Atelierboot,** 1874, Öl auf Leinwand, 50 x 64 cm, Kröller Müller-Museum, Otterlo, Niederlande, © ARTOTHEK, S. 34-35

14 | Claude Monet, **Sturm an der Küste von Belle-Ile,** 1886, 81.5 x 65 cm Öl/Leinwand, Musée d'Orsay, Paris, © mauritius images / Masterpics / Alamy, S. 36-37

15 | Claude Monet, **Die Waterloo-Brücke im Dunst,** 1899-1901, Öl auf Leinwand, 65 x 100 cm, Eremitage, St. Petersburg, © ARTOTHEK, S. 38-39

16 | Claude Monet, **Felder im Frühling,** 1887, Öl auf Leinwand, 74 x 93 cm, Staatsgalerie Stuttgart, © ARTOTHEK, S. 42-43

17 | Claude Monet, **Die Themse bei Westminster,** 1871, Öl auf Leinwand, 47 x 73 cm, National Gallery, London, © Fine Art Images/ARTOTHEK, S. 46-47

18 | Claude Monet, **London, Das Parlament. Die Sonne bricht durch den Nebel,** 1904, Öl auf Leinwand, 81,5 x 92,5 cm, Musée d'Orsay, Paris, © Peter Willi/ARTOTHEK, S. 48-49

19 | Claude Monet, **Heuhaufen im Sonnenlicht** *1891*, Öl auf Leinwand, 60 x 100 cm, Kunsthaus Zürich, © akg-images, S. 50

20 | Claude Monet, **Heuhaufen, Sonne und Nebel** 1891, Öl auf Leinwand, 65 x 100 cm, The Minneapolis Institute of Arts, USA, © Christie's Images Ltd/ARTOTHEK, S. 52-53

21 | Claude Monet, **Heuhaufen, Spätsommer in Giverny** 1891, Öl auf Leinwand, 60,5 x 100,5 cm, Musée d'Orsay, Paris, © Peter Willi/ARTOTHEK, S. 51

22 | Claude Monet, **Getreibeschober im Herbst bei untergehender Sonne,** 1891, Öl/Leinwand., 60 x 100 cm, The Art Institute of Chicago, © mauritius images / The Artchives / Alamy, S. 51

23 | Claude Monet, **Die Kathedrale von Rouen im Morgennebel,** 1884, Öl auf Leinwand, 101 x 66 cm, Museum Folkwang, Essen, © Museum Folkwang, Essen/ARTOTHEK, S. 55

24 | Claude Monet, **Die Kathedrale von Rouen, das Portal und der Turm Saint-Romain bei strahlender Sonne, Harmonie in Blau und Gold**, 1893 Öl auf Leinwand, 107 x 73,5 cm, Musée d'Orsay, Paris, © mauritius images / United Archives, S. 57

25 | Claude Monet, **Die Barke in Giverny**, um 1887, Öl auf Leinwand, 97,5 x 130,5 cm, Musée d'Orsay, Paris, © IMAGNO/ ARTOTHEK, S. 58-59

26 | Claude Monet, **Japanische Brücke** 1899, Öl/Leinwand, 89 x 93 cm, Musée d'Orsay, Paris, © Hansmann /ARTOTHEK, S. 61

27 | Claude Monet, **Seerosen** (Triptychon), rechte Tafel, 1916 – 26, Öl auf Leinwand, 200 x 426.1 cm (je Tafel). Saint Louis Art Museum. The Steinberg Charitable Fund, © mauritius images / classicpaintings / Alamy, S. 62-63

28 | Claude Monet, **Seerosenteich am Abend** (Diptychon), 1922-24, Öl auf Leinwand, je 200 x 300 cm, Kunsthaus Zürich, © akg-images, S. 64-65

29 | Besucher vor dem Bild Seerosen im Musée de l'Orangerie, Paris, © mauritius images / robertharding / Peter Barritt, S. 68-69

30 | Claude Monet, **Seerosen** im Musée de l'Orangerie, Paris (Ausschnitt), 1915-1926, Öl auf Leinwand, 1700 x 200 cm, Musée de l'Orangerie, Paris, © mauritius images / SuperStock / Peter Willi, S. 68-69

30 | Claude Monet, **Seerosenteich mit Iris,** um 1914/22, Öl auf Leinwand. 200 x 600 cm, **Kunsthaus Zürich,** © akg-images, S. 70-71

31 | Claude Monet, photographiert von Nadar, 1901, © akg-images /Science Source, S. 75

DANK

Dass diese vor fünfundzwanzig Jahren begonnene und glücklicherweise auf Tonband aufgezeichnete Vortragsreihe nun endlich in Buchform erscheinen kann, verdankt sich der Arbeit vieler Menschen.

Die Aufzeichnungen auf den Tonbändern wurden von Sandra Schwarz verschriftlicht. Natalie Rehm brachte die Texte in eine erste Form und suchte die Dias zu den Vorträgen zusammen. Schließlich gab es zahlreiche Studierende, die sich seit 2014 im Rahmen von Seminaren, die von David Hornemann v. Laer geleitet wurden, in unterschiedlicher Besetzung um eine vorsichtige Überarbeitung der Vorträge kümmerten, welche den Stil der frei gehaltenen Vorträge beibehielt und sie gleichwohl auch lesbar machten.

An der Überarbeitung waren beteiligt:
Tanja Adam-Heusler, Meike Adden, Joseph Bailey, Elena Ball, Lea Bengel, Laura Bickel, Geraint Black, Leandra Börner-Valdez, Demian Buchner, Elisabeth Capellmann, Julius Daniel, Philipp Doose, Jana Eckey, Manischa Eichwalder, Isabel Gadea, Caroline Geck, Max Geuer, Paul Geilenberg, Andreas Grieser, Antonia Heinrich, Ronja Hellebrandt, Hannah Heukeroth, Melanie Laskowski, Clara Laufenberg, Dominik Lauinger, Katharina Lilienthal, Rose Link, Jannis Keuerleber, Miranda Kiefer, Jonas Klingberg, Mathilda Knoblauch, Anna Ko, Julian Kramp, Andrea Kreisel, Johanna Lamprecht, Helias Mackay, Johanna Mayrshofer, Tobias Möller-Hahlbrock, Lorenz Mrohs, Julia Muhsal, Laurenz Pfaff, Matthias Pfrogner, Anselm Prechtl, Constantin Reuter, David Richardoz, Verena Schusser, Amelie Scupin, Sarah Sock, Rahel Steffen, Rachel Steinmetz, Matthias Tamm, Christine Teuchert, Olaf Tittel, Philine Töpper, Friedemann Uhl, Nikolas von Kameke, Anke von Loewensprung, Anna-Lena Weidemann, Christiane Weinberg, Shaya Werner, Clara Wicharz, Klara Zepp, Mara Zöller.

Die Buchreihe verdankt ihre das Kunstwerk ins Zentrum rückende Gestaltung dem Grafiker Frank Schubert. Birgit Bockemühl stand uns mit Rat und Tat beiseite. Zudem danken wir den im Folgenden genannten Förderern, deren großzügige Spenden die Drucklegung der ersten drei Bände dieser Buchreihe ermöglicht haben:

Fakultät für Kulturreflexion - Studium fundamentale

IMPRESSUM

Bibliographische Information der Deutschen Nationalbibliothek:
Die Deutsche Nationalbibliothek verzeichnet diese Publikation in der Deutschen Nationalbibliographie; detaillierte bibliographische Daten sind im Internet über http://dnb.ddb.de abrufbar.

ISBN 978-3-95779-064-4

Erste Auflage 2018

Typographie und Satz und Umschlag:
Frank Schubert, Frankfurt am Main (www.frankundfrei me), unter Verwendung einer Detailabbildung des Gemädes Claude Monet, Der Spaziergang (Frau mit Schirm – Madame Monet und Ihr Sohn), 1875

Druck und Bindung: Dilling Printmedien, Kreuztal